ちくま文庫

B級グルメで世界一周

東海林さだお

筑摩書房

もくじ

アジアとオセアニア

アフリカ

ヨーロッパ

アメリカとラテンアメリカ

B級グルメで世界一周

東海林さだお

店舗情報、価格などは掲載当時のものです。

アジアとオセアニア

ヒーハの究極

キムチが現れるまで、ゴハンの世界は静かだった。
白菜のお新香でゴハン。
納豆でゴハン。
塩ジャケでゴハン。
いずれも静かな食事だった。
ゆっくりとした箸づかいで、落ちついて、心静かに、しみじみと食べる食事だった。
たとえば笠智衆《りゅうちしゅう》という人がいましたね。
あの人がよく似合う食事。
笠智衆氏が、白菜のお新香でゴハンを食べればまさに絵になる。
ところが、ゴハンの世界にキムチが加わって様相は一変した。

キムチはまた、ゴハンに実によく合うんですね。
キムチでゴハンは、心静かに、しみじみ、というわけにはいかない。
それでも最初のうちは、心静かに、しみじみ食べ始める。

そのうち、少しずつ、ヒーヒー言い始め、ハーハーが加わり、次第に息づかいが荒くなり、鼻の頭の汗を拭いたり、首すじをぬぐったり、いろいろと忙しくなっていき、だんだん動きが激しくなっていって、やがて躁状態となり、次に半狂乱になる。

誰でもそうなる。

たとえ笠智衆先生でもそうなる。

笠智衆氏が、息づかい荒く、ヒーヒー、ハーハー言いながら、半狂乱になって激しく箸を使っているところを想像していただきたい。

同じ白菜でありながら、白いのと赤いのとの違いだけで、こうも人間を変えてしま

うのである。

キムチにはそれほどの魔力がある。

キムチは、その姿態からしてすでに凶悪である。

カクテルにブラッディ・マリーというのがあるが、まさに血まみれの白菜だ。

お新香界の暴力団、という観もある。

白菜の一枚一枚のすみずみにまで、ヌルヌルねっとりとしがみついているまっ赤な唐辛子。

これがもし目に入ったら、という恐怖感を覚える。

葉と葉の間に棲みついている、こまごまとした得体のしれない魑魅魍魎《ちみもうりょう》。

見ているだけで咳きこみそうだが、見るからに旨《うま》そうだ。芯のあたりの厚みのあるところも旨そうだが、唐辛子とニンニクのぬたに埋もれている柔らかな葉先も旨そうだ。

その魔力に魅入られたように、

「ウーム、しかし、これはこれは……」

などと、言いながら、おそるおそる箸を出す。

最初の一口はまず葉先でいこう、と思う。

赤くねっとりしたものが、びっしりとまぶされている葉先を、熱いゴハンの上に

焼き肉・ゴハン・キムチは
名トリオだが・・・・
ゴハンが
汚いぞ
焼き肉の
タレとキムチの
複合汚染

のせてくるりと包みこんで一口。

ひと嚙《か》みあたりは何ともないが、ふた嚙みあたりで、ゴハンの熱さと唐辛子の辛《から》さで、思わずヒーと言う。

これが半狂乱の始まりである。

どうにも辛い。舌のつけ根のあたりの両脇が痛い。痛いが旨い。

白菜の甘み、ゴハンの甘み、ニンニク、唐辛子、魑魅魍魎どもが醗酵した乳酸菌の酸味、それに塩味と辛さが加わって、口の中はもう大混乱、大悦楽。

凶暴なおいしさ、というのはキムチをおいて他にない。

目には涙、額に汗。

しかしキムチは、一口食べたらもうやめることはできない。こんなにもゴハンに合うおかずがあったのか、とい

タクアンをなめてはいけなり！
タクアンを拝んでいる人
国新香さま！

う気持ちになって、またおそるおそる箸を出し、三口、四口と食べていくうちに必ず半狂乱になる。

だんだん、辛いんだか、旨いんだかわからなくなって、もうダメ、これが人類の限界と思いつつも、どうにも止まらず、白菜から唐辛子をこそげ落としながら食べている人もいる。

ときどきゴハンだけ食べて、キムチで受けた打撃と興奮を、ゴハンでなだめている人もいる。

比較的凶暴性の少ない芯のところを食べ、興奮をしずめ、再び凶暴な葉先にいどんでいく人もいる。

葉先で打撃をうけた舌を、芯のところで休ませていたわけだ。

後者のほうが、前者よりキムチの上級者であることは言うまでもない。

キムチは、ゴハンだけでなくいろんなものに合う。

ラーメンにも合うし、キムチチャーハンも旨い。

大阪の「金龍《キンリュウ》」というラーメン屋は、（キムチ取り放題）が人気を呼んで、夜など道いっぱい客があふれている。

韓国では、飲食店で料理を一品頼むと、必ずキムチがついて出てくる。

日本で、丼《どんぶり》物にタクアンがついてくるようなものだ。

話は突然変わるが、国花や国鳥というのがありますね。

たとえば日本では、国花はサクラで国鳥はキジだ。

そういう意味で、国新香（くにしんこと読む）というものがあっても少しも不自然ではないような気がする。

新たに国新香を制定するとすれば、むろん日本ではタクアンということになり、韓国ではキムチということになる。そうなるとキムチにも新たな意味が加わってきて、ゴハンにキムチは、まさに日韓友好のシンボルということになってくる。

それにしても、辛いものはどうしてこうゴハンに合うのだろうか。

キムチが出現するまで、辛いものがこんなにもゴハンに合うということを日本人は知らなかった。

メンタイコが出回るようになって、日本人はさらにそのことを確信するようになった。

メンタイコも、ゴハンに実によく合う。

そこでですね、ぼくは恐ろしいことを考えついてしまったのです。

そこまでやっていいのか、人の道にはずれるのではないか、という非難は覚悟の上。

それは、「究極の激辛おかず」です。

激辛のメンタイコを激辛のキムチで包み、それをタバスコでまぶすという「メンタイコキムチ包みタバスコ和え」というものなのですが、ぜひ一度おためしください。

（一九九三年一月二九日）

皿の上でタコくねる

あのう、突然ヘンなことを言うようですが、食卓の上に出てくる食べ物ってふつう動きませんよね。

たとえば茶碗に盛ってあるゴハンが動くということはない。

お椀の中の味噌汁も動かない。

皿の上のおでんのコンニャクも動かない。

トンカツも動かない（動いたらコワイだろな）。

お新香も動かない。

まだまだいくらでも動かない食べ物を書きつらねていく自信はあるが、キリがないのでこのへんでやめる。

とにかく、ふつう、食べ物自体が動くということはない。

たまに、大勢で旅館に泊まったときなどに出てくる舟盛りの活き造りは動く。

痛い
許せん
許せんといったって
ゴマ油とシオ

これは動いてもらわないと困る。

旅館の人が、

「鯛の活き造りです」

と、うやうやしく大きな舟盛りの活き造りを食卓に置く。

さあ、この一匹丸ごとの鯛のどのあたりが動くのか。

一同前かがみになって、いまかいまかと待ちかまえているが、一〇秒たってもどこも動かない。

二〇秒、三〇秒たっても動かない。

座が妙な具合になってくる。四〇秒あたりで旅館の人が逃げるように立ち去り、業を煮やした客の一人が尾っぽのあたりを箸でつつき、それでも鯛はピクリとも動かず、座は次第に暗く沈んでいく。

というようなこともたまにはあるが、日常の中では食べ物は動かない。

ところがですね、皿の上で動きまわる食べ物があるのです。

もう、やたらに動いている。

皿の上がゴニョゴニョ、ウニョウニョ動いている。

何が動いているかというとタコの足です。

鉛筆ほどの太さのタコの足が、長さ三センチほどにぶつ切りにされていて、その三センチ全員がクネクネと動いている。

さぼってるやつは一人もいない。

あれには驚きましたね。かなりのカルチャーショックでした。

韓国料理の店です。

二〇〇二年のワールドカップが迫ってきたせいか、テレビなどでしきりに韓国料理が取り上げられるようになってきた。

その中の一つに「タコの活き造り」というのがあり、食べタレなどがこれを口に入れ、

「ウー、痛え」

「オー、痛え」

なんて言っているのをよく見かけるようになった。

タコの吸盤に口の中を吸いつかれて痛がってるわけです。

本当か？　オイ、本当に吸いつくのか？　オイ、痛えって言うほど本当に痛いのか？　オイ、なんてつっこみを入れながら見ていたわけです。

ぼくも一度食べてみたいなと思っていたら、新宿にもタコの活き造りを食べさせる店があるよ、ということを聞き、それじゃ口ん中吸いつかれてみっか、ということで出かけて行ったわけです。

新宿の職安通り近くにある韓国料理の店。

焼き肉や他の料理が大体一〇〇〇円前後という店なのだが、タコの活き造りは二〇〇〇円と高く、どうやら高級料理であるらしい。

店の入り口のところに大きな水槽があり、その中に小さくて痩せたタコが一匹だけ、水槽の角のところにうずくまっている。

大きな水槽のすみっこに小さなタコがわざわざ行

ってうずくまっているところがなんだかとても寂しそうで、なんだかとても不憫《ふびん》で、なんだかいじけているようにも思えて気の毒だった。

タコの活き造りは直径二〇センチほどの皿の上に盛られてやってきた。

さっきのタコにちがいない。

皿の上で全体がクネクネ動いている。

ひとしきりザワザワと動いたあと、少しずつ静かになりやがて動かなくなる。

箸でつつくとまたザワザワといっせいに動き出す。

食べ方は、これをこのまま一本ずつ箸でつまんで、ゴマ油にシオを混ぜたタレにつけて食べる。

箸でつまみあげようとすると、皿に吸いついてはがれまいとする奴もいる。
奴もいる、と書いたが、全体としては一匹なのだから奴というのはヘンなのだが、こうなると一切れ一切れを個人と見なさざるをえない。
口に入れてもしばらくは何ともない。
ふつうの生タコの足を口に入れた感じと少しも変わらない。

と、突然やられました。吸いつかれたのです。痛い。たしかにかなり痛い。吸いつかれて痛ければこっちだっていい気はしない。当然、怒りの感情がわきあがってくる。憎い、とも思う。さっきはつい気の毒だなんて思ったけどいまは憎い。

特に上アゴに吸いつかれたときはあわてる。これまでに上アゴを食べ物に吸いつかれて痛いという経験がないからかなり狼狽《ろうばい》する。

向こうにしてみれば、急にちょん切られて何がなんだかわからなくなっているわけで、とにかくいま自分ができる仕事は何かに吸いつくことだけだ、と必死の思いのはずだから、同情すべき点もないではない。

この料理の問題点は、この痛さに意味があるのか、という点です。

ただ痛かっただけで、いいことあんまりなかったな、というのがいまの感想です。

（二〇〇〇年六月一六日）

魅惑のコリアン市場

ＪＲの御徒町駅のすぐ近く、旧タカラホテルの裏に「コリアン・マーケット」がある。七、八軒の韓国料理の食材を売る店と、大小合わせて十数軒の韓国料理の店があるだけなのだが、ここへ行くとどうしても興奮してしまいますね。

まず塩からで興奮する。あみの塩から、タラの内臓の塩から、明太子の塩から、カタクチ鰯の塩から、カキの内臓の塩から、なんだかワケのわからない塩から、などなどがズラーッと並んでいて、塩から好《ず》きは興奮して目が血走る。血迷って頭がヘンになる。

御徒町の改札を出て、アメ横を少し歩いて右に折れ、高速道路の下をくぐると、まずマーケット入口の肉の「みち川」の看板が見えてくる。

次にキムチなどの食材の「アリラン亭」の看板が見え、「梁川食肉販売」「黄錦商会」「まるきん」、焼肉の「板門店」「大門」と、次々に看板が目に入ってくると、

毎度のことながら鼻息が荒くなる。歩速が速くなる。姿勢が前のめりになる。

自分でも（なぜこんなに興奮するんだろう）と思うのだが、それがよくわからない。

隣国でありながら、韓国の食材に日本人は意外にくわしくない。このマーケットはまさに未知の宝庫だ。行くたびに新発見がある。

年に一回か二回、ここで食材をあれこれ買い込み、帰りに焼肉屋で焼肉を食べて帰ってくるのだが、この順序が逆になると必ず失敗する。

あくまでも、買い物→焼肉

という順序でなければならず、焼肉↓買い物という順序だと、おなかが一杯で買い物への情熱が驚くほど一挙に減退する。

そのかわり、買い物が先で、しかも空腹だったりすると、驚くほど買い物への情熱が猛然とわいてくる。

毎度のことながら、とりあえず塩からのたぐいを山のように買いこむ。

それからキムチ関係に目を向ける。キムチ関係の種類もめちゃめちゃ多く、ズラーッと並んでいる一つ一つを、

「これはナニ？　これはナニ？」

とはじから訊《き》いて教えてもらっているうちに、そのうちどれがどれだかわからなくなってくる。

大根葉のキムチ、青唐辛子のキムチ、ニラのキムチ、切り干し大根のキムチ、ナスのキムチなど、どれを見ても（買わずに帰らりょか）というキムチになる（気持ちになる）。どのキムチを見ても（このキムチで熱いゴハンを一口）というキムチになる。

キムチに次いで心ひかれるのが唐辛子醬油漬け関係だ。

なかでも、エゴマの唐辛子醬油漬けはとび抜けてウマい。ぼくはエゴマの大ファンだ。エゴマというのはシソ科の一年草だそうで、シソと同じような形をしている

コリアンマーケットで
「アタコン・メチバテフル症候群」になった人

が葉の味が力強くて濃い。これに熱いゴハンをくるんで食べてもおいしく、意外に刺し身をくるんで食べてもおいしい。

　醤油漬け関係は、このほか、ナス、ワケギ、ニンニク株ごと、ニラ、桔梗《ききょう》の根、大豆の葉などがある。

　塩から関係、キムチ関係、醤油漬け関係を、あれもこれもと選んでいるうちに、次第に頭は混乱し、目は血走り、手がふるえてくるのは毎度のことだ。これがコリアン・マーケットに於ける「アタコン・メチバ・テフル症候群」と呼ばれているものだ。

　肉の「みち川」および「梁川」「まるきん」をのぞくと、この症候群はさらに重症となる。日本の食肉店の風景とまるでちがうのだ。

　骨つきカルビ、ミノ、タンはおなじみだが、ハチノス、豚のアキレス腱、カシラ（頭のとこの肉らしい）、ハラミ（横隔膜）、豚の耳、足、フエ（牛の肺）などが並んでいる。フエは、まさに人体模型の肺の形そのままで売っている。牛シマ腸というのは、牛の腸の内壁らしい。

「まるきん」のおばあさん（かなりのお齢）に薦められて、スエと呼ばれる朝鮮ソーセージを一本（かなり巨大で四四〇〇円）買ったが、「内臓とか、いろんなところのお肉が入っている」とかでとてもウマかった。

　このほか、コーン茶と呼ばれているトウモロコシ茶（麦茶に似ている）、韓国味つけ海苔、韓国岩海苔の味つけビン入り、インスタントのドジョウ汁とテールスープ、渡りガニの唐辛子醤油漬け（これもウマかった）、朝鮮人参ドリンク（一二〇ミリリットル・三五〇円）、朝鮮民主主義人民共和国製のピョンヤン焼酎（三〇〇ミリリットル入り・三五〇円）、強壮スープの参鶏湯《サンゲタン》（パック入り・一二〇〇円）などを買いこんだ。ピョンヤン焼酎はツンとくるところが少しもなく、二五度なのにとてもマイルドでたちまちファンになった。

「まるきん」で、またしてもおばあさんに薦められてイシモチの開きを買ったが、これはごく普通の開きだった。

　このマーケットのファンは多いらしく、グループで来ている人もいる。たくさん買いこんで宅配便をたのんでいる人もいる。

このマーケットの人たちは、みんな人なつこくてとても親切だ。

買い物を両手にぶらさげて、ヨタヨタと入っていった韓国料理店「大門」のおばさんもとても人なつこかった。

この店の二階は、入れこみの座敷で、なんでも安くて量が多い。

生ビール（中）が六〇〇円だが、これまた量が多い。

「カオリ」というエイの刺し身があった。歯ごたえのある白身の刺し身で唐辛子がまぶしてある。おばさんいわく、

「小岩からよーく来るお客さん、いてネ。ウチの戸開けて『カオリある？』って訊いて、ないと帰っちゃうの。大阪はあるけど東京であるのウチぐらいだからね。で、そのお客さん、決まってカオリ二皿とミノ一皿とってビール一本飲んで帰んの。好きな人は、ホントに好きよ、カオリは」

と、人なつこくテーブルで話しこんでいくのだった。


（一九九五年五月二六日）

韓国おでんの串は

韓国おでんの串は異常に長い、ということをまず言っておいてから、この話を始めたいと思います。

いまのこの記述には三つの事実が含まれています。

一つは韓国にもおでんがあるということ。

韓国のおでんダネは串に刺してあるということ。

そしてその串は異常に長いということ。

フーン、そうなんだ。するとその串は割り箸ぐらい長いのかな、と思った人もいることでしょう。

どうして、どうして。

そんな生半可な長さではありません。

フーン、すると、三〇センチの物指しぐらいの長さかな。

なかなか。

その程度の長さではありません。

菜箸ってありますね。

うどん屋さんなんかが鍋の中のうどんを搔き回したりしてるやつ、あれよりもうちょっと長めで四〇センチ近い。

つまり日本のおでんで使っている竹串の二倍半ぐらいの長さ。

太さも編み物の編み棒より太い。

串の説明が終わって次がおでんの種。

これがまた説明が大変な種。

エートですね、ここから先

は、ぼくが実際に、新宿のコリアンタウンに行って体験したことを伝えていきたいと思います。

韓国おでんはもともと〝屋台物〟の一種だった。

そこでコリアンタウンの韓国料理店では軒先《のきさき》に屋台風のものを突き出させて韓国おでんを売り始めた。

そうしたら人気が出て、そういう店がコリアンタウンだけで二〇軒以上あるという。

なぜ急に人気が出てきたのか。

これもやはり韓流ブームの一環で、「冬ソナ」などのドラマの中で韓国スターたちがおでんを食べているシーンがたびたび映ったせいだという。

テレビで紹介されていたドン・キホーテの近くの店に行ってみると、確かに店の前に若い女の子たちが群れていて立ち食いをしている。

中をのぞいてみるとおでん鍋の中に、大串に刺された種がナナメに突っこまれている。

おでんの種は、さつま揚げと大根と卵だけ。

他の店ものぞいてみたがどの店もこの三種だけ。さつま揚げ二〇〇円、大根と卵一五〇円。

韓国おでんは種類は多くないらしい。串に刺さっているのはさつま揚げだけで大根と卵はそのまま。

そして、このさつま揚げと称するものが日本のものと大違いで説明が大変なしろもので、説明する前からいささかうんざりしている。

まず大きさ。

異常にでかい。びっくりするほどでかい。

フーン、そうなんだ、そうすると日本のさつま揚げの二倍かな、と思うでしょ。

どうして、どうして。

すると、エート、ハガキぐらいの大きさかな。

なかなか。

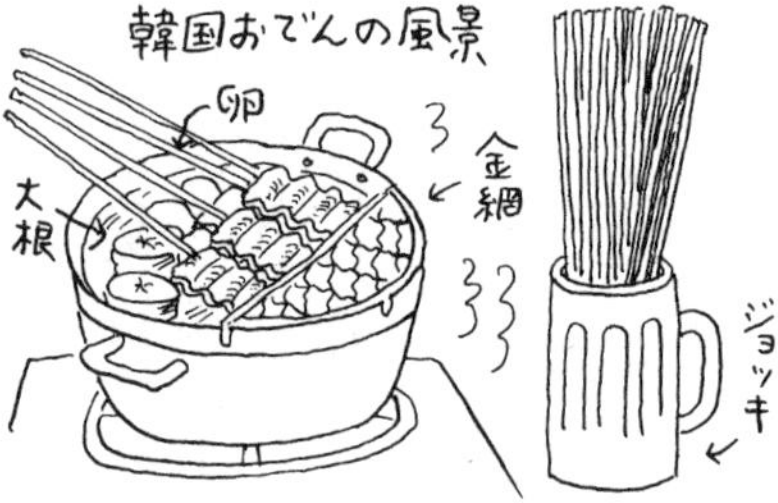

縦位置のハガキを横に三枚並べた大きさよりやや小さい、という巨大さ。ね、でかいでしょう。

この大きさのさつま揚げにたった一本の串が刺してあるのだが、それだと両側が垂れてしまうのでさつま揚げをタテに三つ折りにしてある。

そして大きく波打たせてある。

次。ツユにいきます。

韓国のおでんのツユというからには当然赤汁、そして極辛、と思うでしょうが、色はちょっと白濁しているだけで味はきわめて薄く、全然辛くない。

このツユで煮た種は当然味が薄いのでいちいちつけダレにつけて食べる。

つけダレは醬油系でゴマ油系で唐辛子系でそこに輪切りのネギ。

エート、これで大体の説明はできたかな、あ、そうそうさっきのさつま揚げは、ナリは大きいが厚さがない。厚さ四ミリときわめて薄い。

ぼくは店の中に入ってビールといっしょにさつま揚げと大根と卵を食べたのだが、韓国おでんの店の客の動作は、日本のおでん屋の客の動作とまるで違う。
串が長い故に動作が大きい。
日本のおでん屋の客は、背中を丸めてうつむき、箸でチクワならチクワをつかんで口のところへ持っていく。
串が長いとうつむいているわけにいかない。

自然に背中が大きく伸び、四〇センチ先のさつま揚げに喰らいつく。串を使っている、というより、クレーン車でアームを操作しているような気分になる。

お箸の場合は、チクワならチクワを箸の先でつかみ、手首を支点にした左側への円運動を行うと、チクワは自然に口のところへ来る。

ところが、長い串の場合は、四〇センチ先のさつま揚げを串の先端に刺し、手首を支点にした円運動を行うと、さつま揚げは耳のところへ行ってしまう。

しかし、あれですね、こういう長い串を姿勢正しく操っていると、だんだん気分が高揚してきて動作が勇壮、豪快になっていきますね。

韓国おでんから帰ってきて、ふと思いついて、いつもの箸ではなく、菜箸で食事をしてみたのですが、やはり気分がだんだん高揚していって、動作が勇壮、豪快になっていき、ついには立ち上がってオーケストラの指揮者のようにタクトを振り始めるのでした。

（二〇〇六年三月一〇日）

韓国食材スーパー探険

外国旅行で何が楽しいって、その国のスーパーマーケットに行くほど楽しいことはない。

その国の名所旧蹟と比べてどっちが楽しいかと訊《き》かれれば、間髪を入れず「スーパー」と力強く答えたい。

ナイアガラの滝も、エジプトの大ピラミッドも、その国のスーパーには敵わないのだ。

だから、どの国に行くにしても、スケジュールの中に必ず「スーパーの日」を組み入れる。

その日は朝からワクワクする。

外国のスーパーの楽しみとは何か。

それは実にもう単純で、

「ふだん見慣れない食べ物がたくさん並んでいる」

ということだ。

たとえば日本にいて日本のスーパーに行くと、そこに並んでいるものはすべて顔なじみのものばかりだ。

全商品の九八パーセントは知っている。

その味も大体わかっている。

だから日本のスーパーの中ですることは、買うか買わないか決断することだけだ。

外国のスーパーではそうはいかない。

「コレハナニカ」の連続である。

たとえば缶詰とかで、その国の字だけが書いてあって、内容がまったくわからないものはもちろん敬遠する。

だが、その側面に中身の絵や写真が印刷されていたりすると厄介《やっかい》だ。肉塊のようでもあるし、ハムのようでもあるし、練り製品のようでもある。

更に厄介なことは、その絵や写真がとても旨そうなことだ。

サア、ナンダロー？　買ウベキカ、買ワザルベキカ。

缶詰よりもっと厄介なのはビン詰だ。

中身が見えている。

魚のようでもあり、肉の煮込みのようでもあり、カニのようでもある。

味の予測はつかないが、ホテルに買って帰って今夜のビールのつまみにしたらもってこい、という様相を呈している。

ナンダロー？　激しく揺すってみる。

中身が揺れている。が、ナンダカワカラナイ。

と、いうような経過を経て、買って帰ったあとに、買って正解だったかどうかの結果が待っているのがまた楽しい。

正解じゃない場合のほうが多いのだが、でもそれまでのワクワクが楽しい。

わざわざ外国まで行かなくても、日本国内でこの楽しみを味わえるところがある。

新宿の職安通りにある「韓国広場」というスーパーだ。

ふつうのコンビニ四軒分ぐらいの広さのところに、韓国食品がびっしり並んでいる。

キムチのたぐいとか、焼肉用の肉や内臓とかはすぐわかるが、あとは「コレハナニカ」の連続だ。

だからひとたび「韓国広場」に足を踏み入れた日本人は、「オッ、あれは何だ?」「オオッ、これは何だ?」と、指さしつつあっちに走り、こっちに駆け寄り、かつての川口浩探検隊長状態となる(そういうTV番組が昔あったのです)。

ついこのあいだ、ぼくは「韓国広場」店内において、川口浩状態になって帰ってきたばかりなのだ。

失敗したものもたくさんあるが、正解だったものも多い。

正解だったもののみ、ご報告申しあげたい。

不正解だったものは、いま空しく冷蔵庫の中で冷えつづけている。

ホヤの子(正解第一位)。

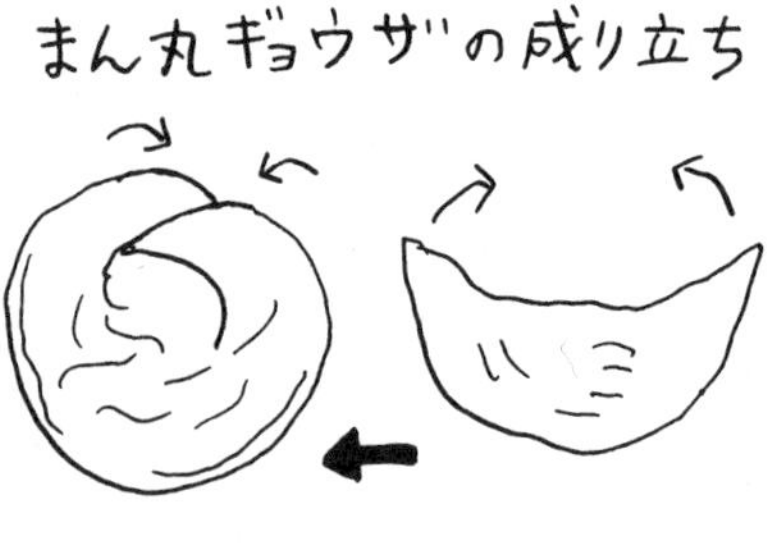

これは冷凍になっていて、ちょうど刺身ワンパック分ぐらいのパック詰めで、値段は七五〇円。

文字どおりホヤの子供で、大きさはホタルイカ大。形もホタルイカにちょっと似ている。

食べ方がわからないので、とりあえず解凍しておそるおそるかじってみると少し塩っぱいが何というおいしさ。

ホヤ好きは随喜《ずいき》の涙を流すことうけあい。

子供のくせにその匂いは親の四倍はある。一匹食べるとその匂いが五秒以上口の中に馥郁《ふくいく》と残る。コタエラレマヘン。

ホヤの子
平均身長3.5センチ
内臓がはみ出てる

ビールにもいいし、吟醸酒なんかにもぴったし。

このホヤの子だけで、他の失敗した購入物を補って余りあった。

韓国ギョウザ（正解第二位）。

日本のギョウザと同じ形をしたものもあったが、これはまん丸ギョウザ。ふつうのギョウザの両端を上の方に曲げただけなのだがその形が面白い。

蒸して食べるギョウザで、皮もモチモチしておいしい。

中身を分解して調べてみると、挽き肉、春雨（小片）、ニラ、そしてシャリシャリした白っぽい小片。

韓国ではキムチを入れるギョウザもあるというからキムチかもしれない。

日本式に酢、醬油、ラー油でもおいしいが、韓国では薬味ソースで食べるという（薬味ソース＝醬油、砂糖、長ネギ《みじん》、ニンニク《みじん》、すりゴマ、ゴマ油、コショウ）。

韓国さつま揚げ（正解第三位）。

円盤形ではなく角型が多い。そして厚みがない。そして大きい。

ぼくが買ったのは、タテ一〇センチ、ヨコ一八センチもあった。厚さは三ミリ。

味つけは日本のさつま揚げより薄くなっていて、コチュジャンをつけて食べるとタマリマヘン。

あと、ニラキムチもよかった。

キムチの辛さの他にニラ自身の辛さがピリピリきて、ビールにコタエラレマヘン。

（二〇〇一年五月二五日）

餃子といえどフルコース

「ホテルでフルコース」

は、みんなの願いだ。

ホテルの一流レストランで、フランス料理のフルコースを食べる。

一度でいいからそういうことをしてみたい。

そしてできることなら、

「きれいな女の人と」

と、男なら考える。

そして、できることなら、

「都心の一流ホテルで」

と考える。

バブルのころは、こういう願いが、けっこう叶えられていた。

　毎年のクリスマスイブには、若い男女が「ホテルでフルコース」を実行していた。

　夢のフルコースは次のように展開する。

　きらめくシャンデリア、真っ白なテーブルクロス、細くて長いシャンパングラス。エスカルゴの殻焼きブルゴーニュ風のオードブルから始まって、ビーフコンソメ・ヘンリー四世風、ドーバー産舌平目フレンチベルモットプレゼー、鹿背肉ソテー・グランヴヌールソース・サン・テュ・ベール風（銀座マキシムのメニューより）。

　ホテルのフルコースにもいろいろある。

　栃木県の宇都宮のホテルでは「餃子のフルコース」を食べさせるという。

クリスマスイブに「都心でないホテルで餃子のフルコースを食べる」。これこそまさに、バブル崩壊後にふさわしいクリスマスの過ごし方ではないだろうか。

しかも「きれいな女の人と」ではなく、「中年の男同士で」というのが、さらにバブル崩壊後にうってつけと言えるのではないだろうか。

要約してみると、今回の企画のタイトルは次のようになる。

「クリスマスイブに、都心でないホテルで餃子のフルコースを中年の男同士で食べる」

しかしバブルの崩壊は、このささやかな望みさえ叶えさせてくれなかった。

バブル以前であれば、ホテル到着後、温泉入浴、芸者入場、トテチンシャン、おひとついかが、の世界に耽溺したのち、餃子のフルコースの夜という段取りになるはずであった。

いまや経費節減はいかなる企業にも行きわたっている。

『週刊朝日』特派記者N氏とぼくは、当然のように「東北新幹線にて正午宇都宮到着。ホテル直行。ただちに餃子フルコース開始。ただちに終了。ただちに東北新幹線にて帰着」を言いわたされたのであった。

宇都宮駅から車で一五分で宇都宮グランドホテルに到着。

そも「餃子フルコース」とはどのような展開になるのだろうか。
最初のオードブルはどのようになるのだろうか。
「雲南省産黒豚チャーシュー、ナルト添え」というようなことになるのだろうか。
スープは、「チャーハン用スープ・ネギ風味」というようなことになるのだろうか。

宇都宮はいま
ラーメンの喜多方のごとく
餃子の宇都宮として
売りだそうとしている
駅弁コーナー
べんとう
宇都宮餃子駅弁

宇都宮グランドホテル内の「北京」が、日本で唯一の「餃子フルコース」を出す店だ。立派な中華料理店で、赤いテーブルクロスの上にはすでにメニューが用意されている。

①蒸餃併盤（蒸し餃子のオードブル）
②烩魚翅餃（フカヒレの餃子）
③乾焼蝦餃（エビ餃子チリソース）
④豆鼓魚肉餃（魚餃子の豆豉《ドウチー》ソース）
⑤糖醋鮮貝餃（ほたて餃子の甘酢ソース）
⑥牛肉水餃（牛肉の水餃子）
⑦草苺餃子（イチゴ入り揚げ餃子）

コースの料金は六〇〇〇円である。

どうもなんだか、餃子に次ぐ餃子のようだ。

どうやら、全面的に餃子が攻めてくるらしい。

①は、飲茶によく出てくる透明感のあるモッチリ皮の蒸し餃子で、赤と青の二色。具はエビの荒切りが主体で筍少々入り。

②フカヒレ主体の具にカニ少々入り。茶色いフカヒレ入りの醤油味のあんがかかっている。

④鯛の荒切りの具の餃子を揚げ、豆豉ソースの黒いのがかかっている。

といったように、いわゆる街でよく見かけるふつうの餃子は一つも出てこない。具が、フカヒレ、エビ、鯛、ほたて、牛肉。それを包んで油で揚げたものに、中華系の醤油味あんかけ、チリソース、甘酢ソースなどをかける、というのが基本理念のようだ。

やはり、全面的に餃子が攻めてきたのだった。

変わり餃子が一堂に会した、と言うこともできる。

いろいろな変わり餃子を次から次へと持ってきた、とも言える。ただひたすら餃子だらけであった、と言うこともできる。

だが、餃子をすみずみまで堪能してすっかり満足した、ということだけははっきり言える。

しかし、クリスマスイブの若い男女のムード作りに役立つか、ということになると、若干の疑問を禁じえない。

話は突然変わるが、「餃子のフルコース」があるなら、「ゴハンのフルコース」というのがあってもいいような気がする。

時あたかも米は部分開放に突入した。

米の銘柄はまさに百花斉放となるにちがいない。

国内産、国外産と、様々な銘柄の米が出回るようになる。

そこで「ゴハンのフルコース」。

テーブルの上には梅干しの小皿だけ。そこんところへ、次から次へと、

「秋田産ササニシキでございます」

「タイ産インディカコマチでございます」

「オーストラリアドドマンナカでございます」

とゴハンがやってくるのだ。

案外いけるかもしれない。


（一九九三年一二月三一日）

乞食鶏の実態

「名前負け」

ということを人はよく言う。

たとえば大金有造という人がいるとする。

名刺をもらってその人をよく見ると、貧相でヒョロヒョロ、金壺眼《かなつぼまなこ》でオドオドしていてヘコヘコしている。

話がちがうじゃないか、と、名刺をもらった人は怒りさえ感じる。

名前負けがあるなら、逆に「名前勝ち」というのもあるのではないか。

言ったもん勝ち、名乗ったもん勝ち。

「乞食鶏」という料理がある。

テレビのグルメ番組などで紹介されるのを見たことがある人もいると思うが、大抵の人はその実態を知らない。

だが一度聞くと名前だけはしっかりと記憶に残る。ナンダ、ソレハ？　と興味を持つ。

ナンダ、ソレハ？

エートですね、その昔、中国で物乞いをして生活していた人がいたわけです。この人があるときある家から一羽の鶏を盗んだ。その鶏をとりあえず土の中に埋めて隠しておいた。自分の家がないから当然そういうことになるわけですね。

そのことを知らない人が、その土の上で焚火をした。

そしたら土の中からいい匂

いがしてきたので掘ってみると、いい具合に蒸し焼きになった鶏が出てきて、これが大層おいしかった、よって乞食鶏……。

日本には鯛を塩で固めて蒸し焼きにする塩蒸し焼きという料理法がある。土と塩の違いはあるが、これだって、乞食をからませて、鯛を盗んで逃げる途中、塩田に落っことしたことにして、そこに焚火をからませれば、「乞食鯛」ということになり、いまよりもっと有名な料理になったかもしれないのである。

乞食鶏も「丸鶏土蒸し焼き」ではこれほど有名にならなかったはずだ。すなわち言ったもん勝ち、デタラメストーリー作ったもん勝ち。

それにしても、ぼくの乞食鶏に対する、ナンダ、ソレハ？　の興味は年々増すばかりであった。

二〇〇五年になって、ある週刊誌のグラビアページで乞食鶏が紹介されていた。見れば、大きな蓮の葉で包まれた乞食鶏は（土のところはすでに取り払ってある）、コンガリと狐色に焼きあがっていてモーモーと湯気をあげていかにもおいしそうだ。

飯田橋にある「Z」という中華料理店のコースメニューの中の一品として出てきて、コースの値段は一三〇〇〇円とある。

乞食鶏一羽で四〜八人前とあったので五人で出かけた。

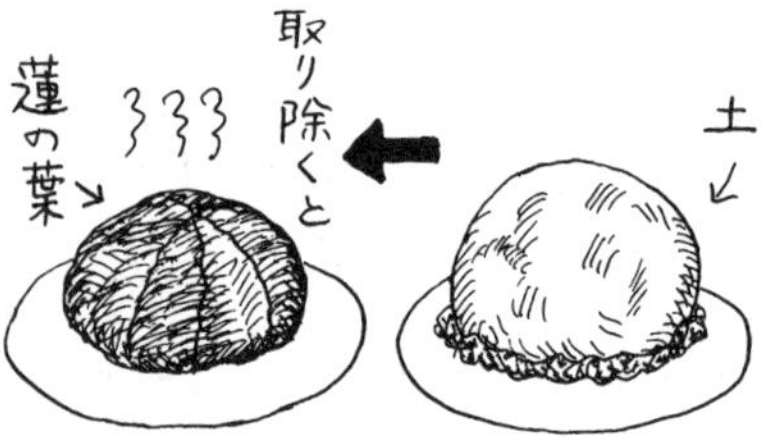

コースの中ほどで乞食鶏登場。

大きな皿の上に白菜の千切りが敷いてあり、その上に直径三〇センチほどの卵型の熱く焼けた土の塊がのっかっている。

一同パチパチパチ。

係の人、柄《え》のところを真紅の布で巻いた、乞食鶏専用らしい木槌を振りあげる。一同パチパチパチ。パシッ、パシッ、パシッ。土の塊、割れる。一同パチパチパチ。

このあたり、パーティにおける鏡割りの儀式に似ている。

土の塊の中から出てきたのは、幾重にも蓮の葉で包まれ、ヒモで縛られた荷物状のもの。

この荷物のヒモをハサミで切り、蓮の葉を押し開くと、狐色にコンガリ焼けた鶏一羽。蓮の葉の香り。焼けた鶏の香り。一同クンクンクンクン。

ここで鶏はいったん厨房に消える。

乞食鶏の料理法はこうだ。

丸鶏の内臓を抜く。

抜いた鶏のお腹に詰め物をする。

詰め物は、木くらげ、干し貝柱、豚肉の薄切り、筍、蓮の実、うずらの卵などで、これらを醤油、砂糖、中国冬菜漬けなどで味つけして炒めておく。

鶏自体も紹興酒、茅台《マオタイ》酒、醤油などに漬けこんで味つけされている。

これを大きな蓮の葉数枚で包み、そのまわりをパラフィン紙、もしくは和紙で包み、その上から土を塗ってオーブンで六時間ほど焼く。

土は、花屋などにある鉢植え用の土でよく、これに塩、片栗粉など加えて粘土質の高いものにする。

さて、いったん厨房に引っこんだ丸鶏は、一人分ずつ皿に取り分けられて登場する。

どうもこの再登場の仕方に問題があるような気がする。

ついさっきまでの堂々と威容を誇っていた丸鶏が、バラバラにされたわけだから、どうしても残骸、解体家屋廃材的様相を呈する。

一人分ずつに取り分けないで、湯気の上がる丸鶏をみんなで突っついて食べたかったなー。あっちを突つき、こっちをほじり、そっち側の皮をはがしたりして食べたかったなー。

味つけは全体に濃い目。醤油と砂糖の味つけを感じる和風に近い味。

土で包んでオーブンで六時間蒸し焼きにしてあるわけだから、鶏から滲み出る肉汁は中の具にしみこみ、中の具の貝柱や豚肉の旨《うま》味は鶏のほうにからまり、紹興酒、茅台酒、蓮の葉の香りが全体にゆきわたって絶妙の風味を醸し出していて旨い。

乞食鶏の出自は杭州料理で、入学祝い、誕生祝いなどの祝い事料理として残っているらしい。

真紅の木槌にも目出たい意味があり、そのときの主役がこれを用いる。

考えてみると、乞食鶏の始祖の人は、せっかく盗んだ鶏を食べられなかったわけで、ぜひこういう席に一度呼んで慰めてあげたい気がする。

（二〇〇五年九月二三日）

青梗菜の青

大地震のあと寂れて見る影もなかったスーパーがようやく賑やかになってきた。スーパーに入って行って、たくさんの野菜の緑を目にすると元気が出る。うちひしがれているときはとりあえず緑。目にいっぱいの野菜。

どんなスーパーでも、入って行ってすぐのところは野菜売り場と相場が決まっている。

入って行ってすぐのところが肉売り場というスーパーはまずない。

入って行っていきなり牛肉とか豚肉とか鶏肉が並んでいたりすると急に気が滅入る。つまるところあれらは死骸だからでしょうね。

野菜たちが元気だとこっちも元気になる。野菜たちから元気をもらう。野菜たちも太っ腹でタダで元気をくれる。

ほうれん草、小松菜、春菊、キャベツ、レタス、サラダ菜、セロリ。様々な野菜

が並んでいるのだが、同じ野菜でも親近感のある野菜と、ちょっとよそよそしい野菜とがある。レタス、サラダ菜、セロリなどに対してはちょっと他人行儀になるが、ほうれん草、小松菜、春菊となるとぐっと親しみを感じる。

特にほうれん草とは親しい。昵懇《じっこん》の間柄という感じがする。

「日本《にっぽん》人ならほうれん草だろッ」

と突然大声になってしまったが、こういう人っていますよね。

何人かで居酒屋なんかで飲んでいて、みんなの話題には加わらずに一人で黙々と飲んでいて、

突然、
「日本人ならほうれん草だろッ」
と、ところどころ怒って話題に参入する人。
こうした野菜のたぐいを青物とか青野菜、青菜と言い、その市場を青物市場と言う。
「それっておかしいじゃないかッ」
と、さっきの怒って参入する人がまた怒って参入してきて、
「野菜は青じゃなくて緑だろッ」
と言う。
確かにそうだ。野菜の色は緑色です。
緑物、緑野菜、緑菜、緑物市場が正しい。
日本はいつごろからこういうことになってしまったのだろうか。
青空は正しいが青田はおかしい。
青海原はいいが青草はおかしい。
交通信号の「青信号」も誰が見たって緑色だ。
青と緑をごっちゃにしているといつか大変なことになる。
日常生活の基本たる交通信号をいつまでも曖昧《あいまい》にしていると、警察もからんでい

ることだし、命にかかわるようなことも起こらないとはかぎらない。

ぼくが言いたいのは、何世紀にもわたる日本人のこの誤りを、二一世紀になったことでもあるしこのへんで正そうではないか、ということなのだ。

このぐらいの大事案となると政府が動かなければいけない。

政府が廃藩置県ならぬ廃青置緑の大号令を発して、日本国における積年の誤りにケリをつけることにしようではありませんか。

こんなことを言ってると、またさっきの人が、

「日本人なら青だろッ」

と怒って参入してくるかもしれないので、この件はこのぐらいにして次に移りたいと思う。

ここで急に青梗菜《チンゲンサイ》を思い出した。
さっきいくつかの野菜の名前を挙げたが、うっかり青梗菜を忘れていた。
青梗菜……うーむ、まてよ、これも青だ。

ここでも緑を青と称している。

そういえば青椒肉絲《チンジャオロースー》も青だ。

恐らく中国では青のつく野菜料理の名前がもっとたくさんあるのではないか。

やっぱり日本も青のまま二一世紀を押し通していくことにするか。

青梗菜は確かに青野菜ではあるが、根元のほうの半分ぐらいは白い。

半分青、半分白。

話がますますややこしくなって、

「日本人なら……」の例の人がまたまた怒って参入してきそうなので、話を別のほうに持っていきたい。

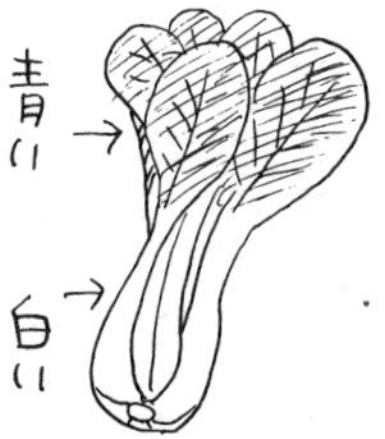

　青梗菜はいつのまにか日本にやってきて（パンダが日本に初めて来たころという説も）、特にどうこう言うほどの目立ったところはないのだが、いつのまにかいなくなってしまったということもなく、しっかり定着してしっかり務めあげているという感じがする。
　ちょっと打ちとけないところがあって鍋物には参加させてもらえないようだ。

鍋物の具は、みんなとうまくやっていけそうだというところを見込まれた連中が採用されるわけだから、世間の目は青梗菜をそういうふうに見ていないということなのだろう。

ほうれん草や春菊のようなアクもなく、穏やかで大人しい味だから、人あたりはいいらしいよ、ということになって鍋物に採用されて当然のような気がするのだが、そうはならないところに何かあるのかもしれない。

ただ、ほうれん草などは煮込むとクタクタになるが、青梗菜はいつまでもシャキシャキしていて、そういうところが頑固と見なされるのかもしれない。

テレビや新聞などで、事件を起こした人の印象を近所や同級生に訊きまわったりするが、青梗菜だったら、

「大人しい人でしたけどねえ」

「挨拶はちゃんとするし」

「目立たないやつだった。ただちょっと頑固なとこはあった」

ということになるのだと思う。

ただし、青梗菜が事件を起こしたということでは決してありませんからね。

（二〇一一年四月二二日）

ザーサイ応援団

世の中には埋もれた逸材というものがよくある。

なにしろ埋もれているので、すぐ身近にあるそのものを世間の人は逸材だと気づかない。

逸材には、本人が自分が逸材であることに気づいていて切歯扼腕《せっしやくわん》している場合と、本人が気づかないでノホホンとしている場合とがある。

ザーサイの場合はどうなのか。

ザーサイは切歯扼腕しているのか。

ノホホンとしているのか。

ここまでの文脈は、ザーサイが逸材であることを前提にしている。

ここで世情は騒然となる。

「ザーサイが逸材であるなんて、一体誰が決めたんだ」

あたくしふだんザーサイ食べないんですけど
とかだったら食べてみたりな
ゴマとか混ぜて
ザーサイ巻き

「オレは聞いてないぞ」

「ワシャ認めんぞ」

「あのザーサイの、どこが逸材だというんだ」

　そういう世間の声を一切無視して話をすすめます。

『私、プロレスの味方です』という本がかつてベストセラーになったが、ぼくは『私、ザーサイの味方です』という本を書きたいくらい、ザーサイの味方です。

　まず第一に好きな点はあの塩っぱさ。

　塩っぱさに関しては、おそらくおかず界では天下無敵、鎧袖《がいしゅう》一触《いっしょく》。

ただ塩っぱいだけではない。
酸っぱいような、植物が根本のあたりで少し腐敗したようなえもいわれぬ発酵臭。
そしてあのパキパキというかコキコキというか、類例のない歯ざわり……という
か歯切れのよさ。
あのパキパキはタクアンのパキパキとも違い、明快、即決、右と左に切れて別れ
ていさぎよい。
ザーサイの本領はどういうときに発揮されるのか。
ラーメン屋で「ビールと餃子とラーメン」という最強、黄金の組み合わせを実行
しようとした場合で考えてみましょう。
注文するとすぐビールがくる。
餃子は焼きあがるまでにかなり時間がかかる。
ビンビールだと焼きあがるまでに、まあコップ三杯は飲むことになる。
むなしく三杯飲むことになる。
一杯目もむなしいし、二杯目をトクトクとコップについでいるときもむなしいし、
それをコクコクと飲み干しているときもむなしい。
三杯目ももちろんむなしい。
そんなときです。

炒飯についてくる
スープと
ザーサイは
涙が出るほど
嬉しいもの
です

もしですよ、ビンビールといっしょにですよ、小皿にですよ、ザーサイが五切れほどですよ、出てきたとしたらどうします。

満面の笑みを浮かべてトクトクとコップにビールをつぎ、満面の笑みを浮かべてザーサイの一片をつまみあげてコリコリと口の中を塩っぱくさせ、満面の笑み途切れることなくコクコクコクコクと冷たいビールをノドに流しこむ。

こういう場面でのザーサイに勝るおつまみがこの世にありましょうか。

枝豆敗退、肉じゃがスゴスゴ、切り干し大根の煮たの敗走、天下無敵とはこのことを言うのであります。

〝ビールといっしょにザーサイの小皿〟のこの店のおやじは、ここからは厨房に隠れてそのお姿は見えないが立派な人物にちがいない。

人格的にも優れ、性格温厚、人徳、徳性共に秀《ひい》で、温顔にして慈顔、人品骨柄よく、髪の毛フサフサ、そういう人柄が偲《しの》ばれてならない。

「もう一生この店に通おう」

そういう思いさえしてくるほどだ。

〝ビールといっしょにザーサイの小皿〟ただそれだけのことで、客にこれほどの感激と感謝を与えることができるのだ。

店側にしたって大した手間もひまも要らない。

用意してあるザーサイを、ちょいちょいと箸でつまんで小皿に盛るだけだ。

逆に考えると、そんな簡単なサービスさえ怠《おこた》る店主は言語道断である。

怨みさえ買うことになりかねない。

ビンビールをドンと置いたっきりの店主に対しては、
「ま、ロクな奴じゃないな」
と思い、人格的にもダメな奴で、品性下劣、因業にしてあこぎ、業突くにして強欲、目は三角にして凶眼、人品骨柄卑しく、頭ツルツル、そういう人物を思い浮かべてしまう。
ビールといっしょにザーサイの小皿さえ出てくれば、店主の人柄は保証される、というわけではない。

ここのところがこの問題の厄介なところなのだ。

大抵の人は〝ビールといっしょにザーサイの小皿〟の段階で何の疑いもなく大喜びになる。

ところがここに大きな落とし穴があるのだ。

ビールといっしょにザーサイの小皿が置かれる。

やれやれ、これでノープロブレム、と、満面の笑みでコップにビールをつぎ、満面の笑みでザーサイを一切れ口に入れ、満面の笑みで嚙《か》みしめると、ん？ なんだこれは、全然塩っぱくないではないか、塩分を抜き過ぎている上にヘンな甘みさえついている……うえに、ザーサイがフニャフニャ。

最近どういうわけかこういう塩っぱくないうえにヘンな味をつけたザーサイが多い。

これではせっかくのザーサイなのにビールの前の最強の一品にならない。

枝豆、肉じゃが、切り干し大根の煮たの勢に敗退することになる。

こういう店のおやじの評価は次のようになる。

性格優柔不断、動作緩慢、風貌下ぶくれで目どんより、人品骨柄普通、頭やや薄め。


（二〇〇七年三月一六日）

食べる妖怪ピータン

君子は豹変《ひょうへん》す。

卵もまた豹変す。

初めてピータンを食べたときそう思った。

それまでのぼくの卵歴は、生卵、ゆで卵、卵焼き、目玉焼き、以上だった。

そしてこの一連の卵料理には共通項があった。

どの料理も卵本来の味を失っていない。

で、油断していたんですね。

世の中を甘く見る、という言い方があるように、卵を甘く見ていた。

そこんところへ青天の霹靂《へきれき》、ピータン登場。ピータンは、それまでの卵に対する認識をことごとくくつがえすものだった。

ピータンは、ぼくの生まれて初めての本格的中華料理の席に登場した。

円型のテーブルのまん中に、円型の盤がグルグル回る席。

最初にオードブルが出る。

こういう本格的な中華料理のオードブルはだいたい決まっていて、クラゲ、ピータン、蒸し鶏、焼き豚というようなことになっている。

そのオードブルが自分のところに回ってくる。

こういうとき、みなさんは何から取り上げますか。

そうです、クラゲですよね。

なぜかクラゲ。全員がクラゲ。

最初にピータン、という人はまずいない。

ピータンは一番最後。

ピータンはなぜか警戒される。

ピータンに立ち向かうと何か厄介《やっかい》が起きそう。

何しろクニャクニャしていてつかみづらく、いかにも崩れそうな上に、全体が黒っぽくて正体不明、無気味な感じもある。

これが卵？ と少したじろぐ。

ピータンを箸で取り上げようとすると果たして厄介が起こる。崩れてちぎれそうになる。大急ぎで口に入れる。数回嚙《か》む。

ピータンを口に入れて数回嚙んだ人の表情は決まっている。

困惑である。

おいしいのか、おいしくないのか、いま口の中にあるものをどう思えばいいのか、なかなか結論が出ない。

白身であったらしいところが寒天状になっていて、黄身らしい部分がネットリ、ゆで卵の黄身とは全く違うニッチャリ、そしてかすかな発酵臭。全体的にはやや塩気。

おいしくない、と言おうとして、いや、おいしくなくはない……が、ひと言、苦言を呈したい部分もないではない……が、どこか心ひかれるところがあるような気がしないでもない……が、と、なかなか結論が出てこない。

このところが表情になって表れる。

食べ物を口にした人は、そのあと何らかの表情になる。

おいしければニッコリ。

まずければ苦虫。

どっちでもなければ無表情。

食べて困惑する食べ物ってめったにない。

初回に結論が出ず、二回目になっても結論が出ない。

結論が出ないまま三回目になる。

こういう席でピータンに箸を出す人の出し方には一定のパターンがある。

オズオズである。

クラゲにはサッと箸を出してサッと取る。ピータンだと誰もが急にオズオズになる。

結論が出ていないからである。

何回食べても結論が出ず、考えがまとまっていないから箸先がなかなか前に進まないのだ。

ピータンは何回食べても結論は出ない。

結論は常に先送りになる。

ぼくの人生もいまや後半。いくら何でもピータンに対する見解を不明瞭にしたまま死んでいくわけにもいくまい。

このへんではっきり結論を出してから死んでいきたい。

幸い、ぼくの仕事場の近くに「三浦屋」というやや高級なスーパーがあって、このスーパーはどういうわけかピータンに力を入れている。

店主がピータン好きなのかもしれない。何しろピータンを三種類も揃えている。

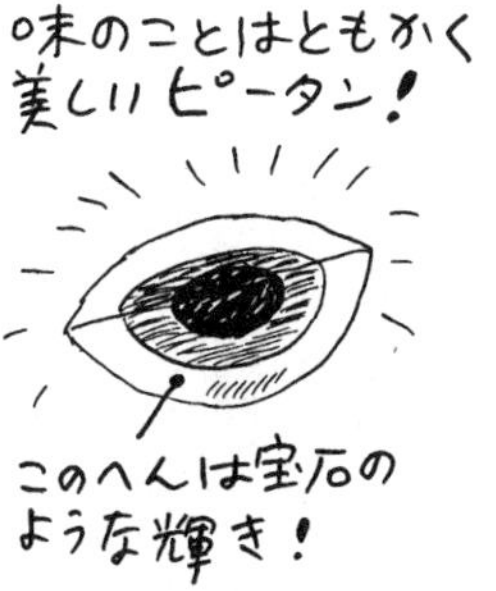
味のことはともかく
美しいピータン！
このへんは宝石の
ような輝き！

ふつうの「ピータン」「台湾ピータン」そして「うずらの卵のピータン」の三種。

ピータンは高級料理のように思われているが値段は案外に安い。

いずれも一個一二〇円程度で、うずらのピータンに至っては一個四〇円弱。

もちろん輸入物で、原材料のところを見ると「あひるの卵・茶葉・食塩・炭酸ナトリウム」とある。

ピータンは一個ずつ茶色の硬い泥のようなもので塗り固めてあるので、それを爪の先で丁寧に掻《か》き落とすと灰色の卵が現れる。

それをゆで卵のときと同様にカチンと割る。

一見まっ黒、よく見ると暗緑黒色。中華料理店で出てくるような櫛《くし》型に切る。

いよいよ積年の課題「ピータンの困惑」から脱出するときがきたのだ。

オズオズではなくスバヤク一片を取り上げる。

口に入れる。噛む。

ウム、こうして新たな覚悟と新たな決意でピータンに対峙《たいじ》してみると、ウム、確かに、こう、口の中いっぱいにピータンの味と匂いが広がって、おいしい、と言えなくもない、が、おいしい、と言い切るにはやや抵抗がないでもないような気がする、が、やはり次回に先送りしたほうがいいような気がしないでもない。

（二〇一五年七月三一日）

北京ダック食べ放題

「北京ダック食べ放題」
と聞いて、血湧き肉躍らない人はいないと思う。
目、血走り、頭グルグルにならない人はいないはずだ。
メチバ、アタグル状態になって、「どこ？　それどこ？」
と身をのりだしてくるはずだ。
世に食べ放題は数あれど、北京ダックの食べ放題はただごとでない。
ま、おおざっぱに言って、世間相場一本一〇〇〇円。
一本一〇〇〇円のものを何十本でも食べ放題なのだ。
食べたければ一〇〇本食べてもいいのだ。
そう聞いて、
「で、いくら？　それ、いくら？」

と、さっきのメチバ、アタグルの人が更に身をのりだしてくると思うが、まことに申しわけない。

この催しものは六月いっぱいで終了してしまったのだ。

あ、ここまで読んできた人が、急に引いていくのが感じられる。

メチバの人の血も、スーッと引いていくのが感じられる。

でもこの「北京ダック食べ放題」は、ホテルニューオータニが開催したものなので、いつか再び同じ催しものを行うことは充分考えられる。

あ、またみんなが寄ってくるのが感じられる。

メチバの人の目も、再び充血し

てきたのが感じられる。

「北京ダック食べ放題」の値段は六三〇〇円。

新聞の紹介記事によると「北京ダックなど三大名物料理が食べ放題（ランチ三五〇〇円、ディナー六三〇〇円）」となっていた。

会場は、ニューオータニの一七階、すなわち、あのグルグル回る展望ラウンジのとこ。

このグルグル展望ラウンジに、アタマグルグル男（ぼく）が乗りこんで行ったわけです。

賢明な読者は、さっきの新聞の紹介記事の「北京ダックなど」の「など」の部分を見逃さなかったはずです。

そうなのです。

「など」なのです。

「など」の内容は、特選蟹料理、広東焼き物、他にもフカヒレスープ、チリアワビのオイスター煮、酢豚、五目炒飯、タンタン麵など、三〇種類以上。更にケーキ類、フルーツ類などこれまた三〇種類以上。

さあ、こうなってくるとかえって困る。「など」をあれこれ食べれば、メインの北京ダックを食べる量が減ってくる。

あたしって鳥の皮ダメなヒトなの
なのに
キャー！北京ダック！

一〇〇本食べるつもりだったのが、九〇本ぐらいになってしまう。

夜の六時。

あの展望台のとこ全域が会場になっていて、このときの客の数およそ二〇名。

言ってみればガラスキの状態。

しかも客の全員がゆったりと落ちつきはらっている。

席に着くやいなや、早速、北京ダック獲得に席を立つ。

客席は外側のグルグル回るほうにあり、料理は回らない軸のほうに点在している。

したがって、料理を取りに行くときは、回ること回らないとこの境目をまたぐことになる。

もちろん、猛スピードで回っているわけではないので転ぶことはない。

北京ダックは大きなセイロにすでに完成した姿で入っていてフタがしてある。

客が近づいて行くと、係の人がフタを開けてくれる。

大きなフタを手に持って、客がトングで、一本、二本と、自分の皿に取りわけるのをじっと見守っていてくれる。

「早くしろ」と言っているわけではない。「たくさん取るな」と言っているわけでもない。

が、係員のこのサービスが、客への大きな抑止力になっているのは間違いない。

ぼくは三本まで取り、間を置いてちょっと考えるふりをしてもう二本取って引き下がった。

常識ある人の本数として、これが限界であろう。

東北のわんこ蕎麦《そば》は、客のそばに人が立っていて、次から次へ客の椀に蕎麦を入れ続け、客が椀にフタをすると止めるシステムになっている。

フタという観点から両者を比べてみると、この北京ダックのほうは、〝逆わんこ蕎麦システム〟ということになるのではなかろうか。

わんこ蕎麦のほうは、客にフタをさせまいとするが、ここでは、早くフタをしたい、と願うところが違っている。

北京ダックそのものは、世間一般のものより幾分お痩せになっているというか、お体格がおよろしくないというか、そういう印象を受けた。

しかし、体格がよかろうが、よくなかろうが、何本でも食べられるわけだから、店側に特に意図があるわけではない。

しかし、本数という概念を、客の頭の中にしっかりと入れさせ、それをもって抑止力とする、という点では有効である。

大きいの七本が小さいの一〇本に相当するとすれば、「七本食べた」という思いと「一〇本食べた」という思いは、抑止力として有効に働くはずだ。

このあと北京ダックを、二本、また二本と追加して合計九本、大満足であった。

この日は回転ラウンジの回転具合もまことによろしく、染之助・染太郎風に言うと、

「いつもより余計に回している」

ように感じられた。

（二〇〇一年七月二〇日）

小籠包の「ハ行」騒ぎ

小籠包《しょうろんぽう》って食べたことありますか。

ないと困っちゃうな。

あとでとても困ることが起きるんだけどな。

とりあえず、ある、ということで話をすすめさせてもらいます。

ここで一応、小籠包について説明しておくと、エート、形は、小さい肉マン。

その肉マンの中が空洞で、空洞のところにうんと熱いスープがタプタプと詰まっていて、小さな肉餡が底のほうにちょぴっとある。

大きさはシュウマイぐらいだから、大抵の人はこれをポイッと口の中に放りこむ。

ここから先に起こることは、小籠包を食べたことがある人も、まだの人もいっしょになって考えてください。

口の中にポイと放りこんでグシャと嚙みつぶしたとします。

どうなります?

小籠包とはどういうものかを全く知らなくて、たとえば外国人なんかがですね、何も考えずにグシャと嚙みつぶす。

グシャの瞬間、思いもかけぬ熱湯が口の中にドピューとなって、ピエーッとなって、モヘハーッとなって、アフハフとなって、ヒホヒホとなって、ホヘハーッとなり、なぜかアカサタナのハ行を前後の関連なく叫びつつ、白目を剝いて胸搔《か》きむしって悶絶することになる。

最近は製造者責任ということがうるさくなって、ぼくが先日買った懐中電灯には、「危」という字を大書した「警告書」というものが入っていて、「スイッチを入れた瞬間、前方が突然明るくなり、驚きのあまり心臓麻痺を起こす恐れがあります」と書いてあった(ような気がする)。

小籠包だって、これからは一皿ごとに、「本製品は口中の加圧時に於いて、相当な熱度をもった液状のものが、噴出もしくは漏出という形をとって流れ出て、口中の粘膜を損傷させ、ハ行の羅列を絶叫せしむる恐れがあります」という警告書をつけなければならなくなるのだ。

中国人はなぜこのような物騒な食べ物を作ろうと思ったのか不思議でならない。

だってワンタンを考えてください。

ワンタンは小籠包と同じような皮に肉餡を詰めたものだ。

これをレンゲにのせ、スープも入れ、スープといっしょに食べれば、小籠包の口内加圧時以降と全く同じ状態が口の中に現出される。

液体を皮で包む、なんてことを苦心惨憺して考え出す必要なんてなかったのだ。

あなたはいま「液体を皮で包む」のところを何の考えもなく読みすごしましたね。うんと驚いてもらわないと困るなあ。だって、じゃあいまここで、液体を皮で包めって、たとえばグリム童話の王様に命令されたとしますね。

どうします?

中国の人は苦心惨憺、艱難辛苦の末、それを完成させたのです。

ワンタンをスープといっしょに食べれば済むことを、いや、それではつまらん、ワンタンの中にスープを封じこめないとワシは気が済まん、と、あえて困難に挑戦したわけだから、たぶん、もともと困難に挑戦するのが好きな人だったんだと思うな。

おそらくこういう人は、小籠包を完成させたあとも、「米粒に毛筆でお経を書く」とか「ドーバー海峡を泳いで渡る」とかにも挑戦したと思うな。

どんなことでも誰かがやってしまえばコロンブスの卵。

液体（スープ）をどうやって皮で包むか。

スープがある程度固まれば包める。

ある程度固まったスープ、すなわち煮こごり。

煮こごりならば簡単に皮で包める。

ここに至るまでの苦心惨憺は想像に難くない。

難くはないが、その結果が〝レンゲでワンタンとスープ同時食い〟と同じならば、あまりにも彼が気の毒だ。

大きな相違点が一つある。

〝レンゲでワンタンとスープ同時食い〟の場合は、誰でも口に入れる前にフーフー吹いてある程度冷ます。なにしろ全容が見えているから、対応も万全を期せる。

小籠包は全容は見えているがその内部の凶暴性は見えない。

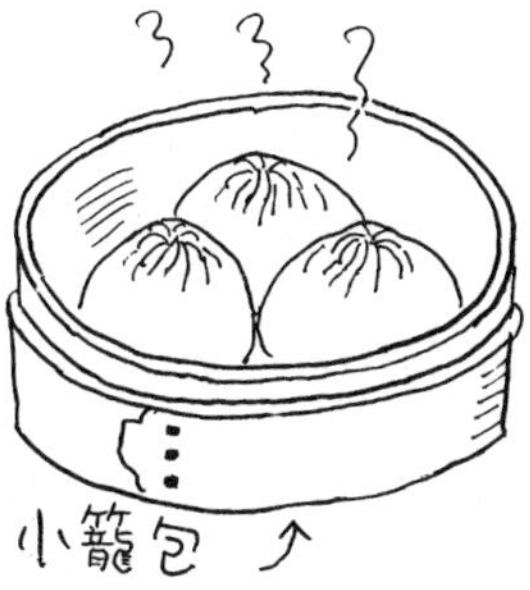

特に初めての人にはまるで見えない。

何も知らずに一個食べ、大騒ぎを演じ、演じ終わったあと、初めての人は必ず二個目を睨みつける。

彼の頭の中には様々な思いが錯綜しているのであろう、しばらくじーっと睨みつけている。

考えがまとまったところでようやく二個目にとりかかる。

今度は〝小籠包の内部の凶暴性を熟知してい

る人〟となっているわけだから、対策も充分。

レンゲの上にのせた小籠包をフーフーとハゲシク吹き、もう一回ハゲシク吹き、口の中に入れてもすぐに歯を当てることをせず、舌の上にのせて大きく一呼吸し、それから歯と歯の間にはさみ、ゆっくりゆっくりと噛みしめていくと……、皮が破れて出てきた、出てきた、熱くておいしいスープがジワジワと出てきた、そのまま更に噛みしめていくと、出てきた、出てきた、肉餡の中からもおいしい肉汁が出てきた、その肉汁が、熱くておいしいスープに加わってダブルスープとなり、ペラペラした皮がそこに参加して、あー、やはりワンタンの同時食いとは違うな、違うおいしさだな、ということになって、ぼくとしてもよかった、よかった。

（二〇〇七年三月二三日）

ノンキャリ水餃子

〝煮ても焼いても食えない奴〟

という表現がある。

どうにも手に負えない奴、扱い切れない奴、という意味で、好感は持たれていない。

〝煮ても焼いても食える奴〟

という表現はない。

表現はないがモデルはある。

餃子である。

餃子には焼いて食べる焼き餃子と、煮て食べる水餃子がある。

まさに煮ても焼いても食える奴なのだ。煮ても焼いても食えるうえに、さらに蒸しても揚げても食える。

蒸し餃子と揚げ餃子である。
〝蒸しても揚げても食える奴〟
ということになれば、これ以上融通の利く奴はいないということになる。

餃子には、さらにおでん種としての、

〝その周辺を魚のすり身で包んで揚げても食える奴〟

というのもおり、融通界の巨匠と呼んでもいいくらいの、心の広い、懐の深い大物なのである。

ラーメン屋などに行って、

「ついでに餃子でも取るか」

などと〝ついで扱い〟をしている人は多いが、ここで大いに反省しなさい。

それほど心の広い餃子であるが、餃子当局として心を痛めている問題が一つある。焼き餃子は全国的に普及しているのに、水餃子のほうは少しも普及しない、というのが当局の頭痛の種なのである。

聞くところによると、餃子の本場中国では、餃子といえば水餃子のことで、焼き餃子は、水餃子が余ったときにあとで焼いて食べる程度だという。

冷や飯を炒飯にするような考え方らしい。

餃子当局というのは、もちろん全世界的な視野で餃子界のことを考えているわけだから、日本の偏った普及の仕方が歯がゆくてならないらしいのだ。

なぜ日本では水餃子が好まれないのか。なぜ日本では、餃子といえば、すぐ〝パリッと焼きあがったアツアツの皮〟という存在になってしまったのか。

餃子当局の一員であるぼくでさえ、餃子といえば、

「キツネ色に焼きあがった香ばしいカリカリの皮を、唇が触れないように少し尖《と》んがらせながらカリッと噛みしめるとき、餃子のヨロコビを感じるんだよね」

という発言を各所でしている。


　カリカリの餃子の皮を思うとき　わが心すでに餃子店内にあり

と俵万智さんはうたわなかったが（うたったのはぼくだけど）、うたってもおかしくないほど、餃子の皮のカリカリは全国民的な認知を得ている。

ビールの場合はだんぜん焼き餃子
カリッ

雑誌などで餃子特集をやり、各店の餃子の写真が並んでいるとき、読者はどこを見ているかというと皮の焦げ目を見ている。

「あ、こういう焦げ目ね。この焦げ目、ぼくの好みじゃない」とか、「これこれ、この焦げ目、こういう焦げ目をあたし待ってたのよ」というふうに、読者は焦げ目ばかり見ている。

そのため焼き餃子は、本来見せるべきでない餃子の底（ケツ）をわざわざ上にして見せている。

「ワタシのケツはこんなふうに焦げてるんですよ」と、これ見よがしに見せている。

水餃子や蒸し餃子は、本来の、ケツを下、ヒダを上にして盛りつけられる。

水餃子は作りたて、茹《ゆ》でたてで出てくるから皮の表面は濡れている。

もし雑誌で水餃子の特集を組み、各店の水餃子の写真が並んでいるとして、皮にジッと目をこらし、

「この餃子の皮のこの濡れ具合ね、これぼくたまんない」
などという人はいるだろうか。

濡れ濡れの餃子の皮を思うとき　わが心すでに餃子店内にあり

と、俵万智さんじゃなかった、ぼくはうたうだろうか。

なぜ焼き餃子のほうが日本で歓迎されたかというと、
「日本人はもともと油を強く加熱した香りを好む傾向があったから」
という説をとなえる人もいる。
天ぷらやフライの普及度を考えると大いにうなずける。

スープにひたした
スープも飲むスープ
ギョウザというのもある

だが水餃子も食べてみるとおいしい。餃子という名前は同じだが、別の料理だと思って食べるととてもおいしい。渋谷区西原の「您好《ニイハオ》」で食べた水餃子はとてもおいしかった。

まずモッチリと茹だった皮がおいしい。

注文の都度のばす皮は、打ちたてのうどんそのもので、モチモチしてコシがある。

具を包んでいる部分は皮が薄くてシコシコしたうどんの味。

合わせ目のヒダのところは皮が厚くなっていて熱が通りにくい分だけスパゲティのアルデンテ状態。

少し芯があって噛みごたえがあり、ここの部分を主食として味わい、薄い皮と具の部分をおかずとして味わう。

口の中で主食とおかずを噛み分ける。噛み分けたのち合体させる。アグアグと合体させているとき、うどんとスイトンとワンタンをいっしょに食べているような気分になり、だけど餃子だかんな、そこんとこ忘れてもらっては困るよ、と、豚肉のみじん切りとキャベツと白菜とニラがジンワリと念を押しにくる。

口に入れて唇の間を通ってくるときの、すべるようなツルリ感も水餃子ならではのものだ。

焼き餃子が〝甲虫類における外皮と内臓の関係〟なら、水餃子は〝哺乳類における皮膚と内臓の関係〟ということになろうか。

同じような境遇にいながら、途中から片や主流、片や傍流に分けられていく餃子たち。

片や陸路、片や水路、片やキャリア、片やノンキャリ、餃子界の生存競争もなかなかキビシイようだ。

（一九九八年四月一〇日）

中国のおせちは？

いまごろ正月の話をするなんて、

「なんだ！」

とお思いでしょうが、旧暦では二月がお正月。

旧暦……懐かしいなあ。旧正月なんていう言葉、最近はすっかり忘れ去られているが、農村で育ったぼくらには、正直言って懐かしいです。

農村の人にとっては本当の正月。

農作業の循環にのっとっていくと、ちょうど手の休まる時期が二月。

そんとき、本当のお正月をする。

いまの人たちの旧正月に対する印象は恐らく次のようなものでしょう。

二月のある日、テレビのニュースを見ていると、突然ドラが鳴りわたり、大きな龍のようなものが街の通りを練り歩き、爆竹があちこちで炸裂し、

「おおっ、なんだなんだ」

と目を凝らすと、そこはどうやら横浜や神戸の中華街で、中国系の衣裳を身につけた人々も嬉しそうに行き交っている。

「なんだなんだ、どうしたんだ」

と驚いていると、

「中華街の人たちの旧正月のお祝いの行事です」

というアナウンスがある。

ね、いまでもいるわけです、旧正月を祝う人々が。

ね、だんだん懐かしくなってきたでしょう、旧正月が（と、強引に〝懐かしい〟方向に持っていく）。

そういうわけで、横浜や神戸の中華街の人々の心の中には旧正月がちゃんと残っているわけです。

では中国本土ではどうなのか。

『中国名菜ものがたり』(槇浩史著・鎌倉書房)によると、中国本土でも、――中国の民間では、昔から正月でも、そのほかの節句などの行事はすべて旧暦を使用していて、中華人民共和国が樹立した時から今日まで、新年は太陽暦を採用しているが、数千年前から続けられてきている古い習慣を保存させるため、現在でも、旧正月を春節《チユヌジエ》と名を改めただけで、官公署や学校も、民間も、依然として旧暦のお正月を楽しんでいる――とある。

ということになると、四〇〇〇年の歴史を誇る中国のお正月の正月料理とはどんなものなのか、当然気になってくる。

日本におせち料理があるごとく、中国にもおせち料理はあるのか。

ほーら、旧正月がだんだん気になってきたでしょう。

まんざらいまの生活と無関係というわけでもないらしいな、なんて思い始めたでしょう。こうなったらもう、引き返すわけにはいかないな、といま思ってるでしょう(しめしめ)。

突然ですが、ここにひとつのメニューがあります。

①特別冷製盛り合わせ

②ふかひれスープ蟹玉子入り

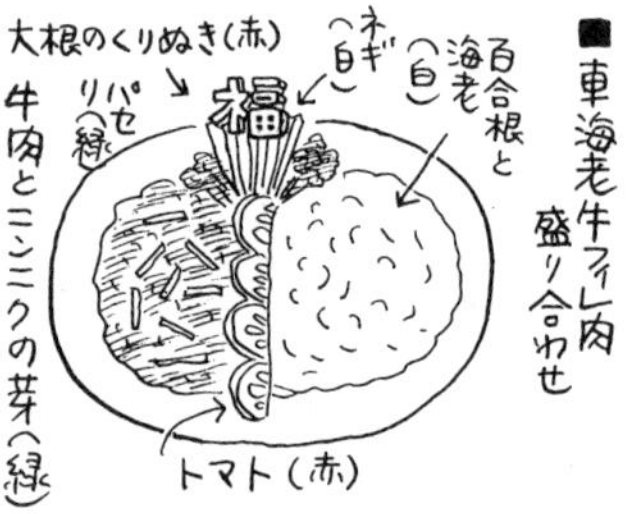
■車海老牛フィレ肉盛り合わせ
百合根と海老（白）
ネギ（白）
大根のくりぬき（赤）
パセリ（緑）
福
牛肉とニンニクの芽（緑）
トマト（赤）

③車海老牛フィレ肉盛り合わせ
④王朝風刺し身
⑤牡蠣炒め川藻添え
⑥豚すね肉煮込み卵餃子添え
⑦花餃子
⑧胡麻あん入り紅白団子

これが、まさか、中国のおせち料理というわけじゃないだろうな、とお思いでしょうが、どうもなんだかそうらしいんですよ。

なぜかというとヒルトン東京ベイの中国料理レストラン「王朝」で、「チャイニーズ・ニューイヤー」と称して「中国の旧正月の料理の数々を提供」と新聞などに紹介されていた記事を見て、食べに行ったときのメニューがこれだったからです（二／一五〜二／二八）。

ホテルのパンフレットにもこうある——旧正月に中国のおせち料理はいかがでしょうか。おめでたいお正月料理をご賞味くださいませ——

コースは三種類。

福貴　一五五五五円

萬福　一一八八八円
福寿　八八八八八円
さっきのメニューは、このうちの萬福のもので、五五五とか八八八とかの数字は、目出たい数字をわざと並べたそうです。
「こうやって萬福の品々をつぶさに見てみると、特にこれといって、正月だからという料理は見当たらないな」
と思ったでしょうが、それで正解です。
萬福以外のコースには、北京ダックあり、上海風焼きそばあり、あわびとナマコの煮込みありで、どうも、これが正月料理だ、という決め手はあまりないようだ。

　ただ個々の料理の飾りつけの中に、目出たい紅白の対比をきわ出たせたり、その形が昔の中国の貨幣に似ているからといって百合根を用いたり（③車海老牛フィレ肉盛り合わせの中に）、という細かい工夫は随所に見うけられる。
　⑦の花餃子は、花芯風の中心に、赤、緑、黄、茶の四色で色どり、お祝いらしい華やかさを演出

している。

④の王朝風刺し身は、どうやら一般的な王朝ではなく、店名の王朝からきているらしく、海鮮中華で出てくるカシューナッツや揚げワンタンの皮などで和えたふつうの刺し身だった。

さっきの『中国名菜ものがたり』によれば、ごく一般的な家庭の正月料理は饅《まん》頭《じゅう》と餃子だそうだ。

正月を前にまずこれを大量に用意する。日本の正月のお餅に相当するもののようだ。それと豚肉の大きなカタマリを醬油で煮こんだもの。

もう一つ、火鍋。これはいわゆる寄せ鍋で、この寄せ鍋の材料はふだんとあまり変わらないが、すべて福徳の縁起をかついでいるという。

青菜……万物生育
粉絲（緑豆の春雨）……金の糸
魚丸（魚肉団子）……円満、団欒
筍……年ごとに高い地位を得る
黄豆芽（もやし）……如意棒、意のまま
日本のおせちも、中国のおせちも、一種の駄ジャレ？

（一九九九年三月一九日）

糸と板、麺の魔術

ワンタン麺を食べていて、ふと次のようなことを考えてしまったのですね。

われわれの祖先が、人類史上初めて小麦粉というものを手にしたとき、これをどうしようと考えただろうか。

これをこのまま、粉薬のように口に入れようと思わなかったにちがいない。

まず、水を加えて捏《こ》ねるということを考えたはずだ。そうすると、水で捏ねた粉の塊ができる。

これをどうするか。

このままオーブンみたいなもので焼けばパンになる。これが一つの方向。

塊を手のひらで押してみる。

そうすると平らな板ができる。

この平らな板を刃物で細く切っていくと麺になる。

平らな板を風呂敷ないしハンカチと考えれば何かを包みたくなり、これはギョウザ、ワンタンへの道を歩むことになる。

パンへの方向はさておき、麺およびギョウザ方面について考えてみよう。

まず麺。

麺への道を歩んだ人は、洋の東西を問わず、その太さに工夫をこらす。イタリアのスパゲティもそうだが、わが国の麺も、何段階もの太さの方向に向かっていった。

ＪＡＳ（日本農林規格）では、麺を次のように規定している。

ひらめん（ひもかわ・きしめん）＝三〇ミリ幅を四〜六本に切った麵。

うどん＝三〇ミリ幅を一〇〜一四本。

冷や麦＝三〇ミリ幅を一八〜二二本。

そうめん＝三〇ミリ幅を二六〜三〇本。

これに違反したうどん屋は、一年以下の懲役または一万円以下の罰金、というわけではないが、しかし、こんなことを規定して何か楽しいことでもあるのだろうか。

それはさておき、きしめんは、その太さがおいしいし、そうめんは、その細さがおいしい。

誰もこの二つを混ぜて食べようとは思わない。

一方、ギョウザ、ワンタン関係は、板状になった小麦粉のおいしさを味わおうとするものだ。

なかでもワンタンは、中身というより、板状の皮のビラビラ感をねらったものだ。

このビラビラ感がおいしい。

細長い麵はズルズル感がおいしい。

そしてワンタン麵は、この両者、すなわちビラズル感をいっぺんに味わおうとするものである。

ズルとすすり、ビラと吸いこむ。これが楽しい。

ここにおいてわたくしは（なぜか急に改まる）、これに想を得て、こういうことを考えてしまいました。

ラーメンの麺とワンタンをいっしょに食べるなら、きしめんとそうめんをいっしょに食べたっていいじゃないか。

きしめんとそうめんをいっしょに食べるなら、きしめんとそうめんとうどんと冷や麦をいっしょに食べたっていいじゃないか。

考えてみると、彼らは互いに親戚同士でありながら、一度も一堂に会したことがない。

ここはひとつ、わたくしが間をとりもって、その機会を与えてやろうじゃないか。

一つの丼《どんぶり》の中に、きしめんとうどんと冷や麦とそうめんがからまり合っている。

これは日本人がまだ一度も見たことのない壮麗な一大絵巻といえる。

本当にやってみました。けっこう大変でした。

それぞれに茹《ゆ》で時間がちがうので鍋を幾つも用意し、次々に茹で、次々に丼に入れる。

これにうどんの熱いツユを注いで、「全ニッポン麵類大合同かけうどん」というものができあがった。前人未踏、人類史上初の大実験がこれからくり広げられようとしているのだ。

大実験は大失敗だった。

何のことはない、こうした世界では、大きいものが勝つ。

そうめんも冷や麦もうどんも、一番質感の強いきしめんの味と歯ざわりの陰にかくれてしまう。

すなわち、そうめん冷や麦うどん連合軍は、あっさりときしめん軍の傘下に帰し、「全ニッポン麺類大合同かけうどん」は、単なる「きしめんかけうどん」となってしまうのである。

自由が丘の駅の近くに、「晋風樓《しんふうろう》」という中華料理店がある。

この店の売りものの一つに、「刀削麺《タオシヤオメン》」という麺がある。

この麺は、小麦粉の塊を押して板にせず、塊からいきなり麺をつくる。

粉の塊を「うんと太目の大根」風にまとめる。これを左手で持って腰の上あたりに構え、右手に持った湾曲した刃物で、カンナで削るように削る。

削りおとされた一片は、空中を舞って目の前の鍋の中に落ちて茹であがる。一片一片は花吹雪のように舞い散り、その速さ、その熟達の技術は一見に値する。

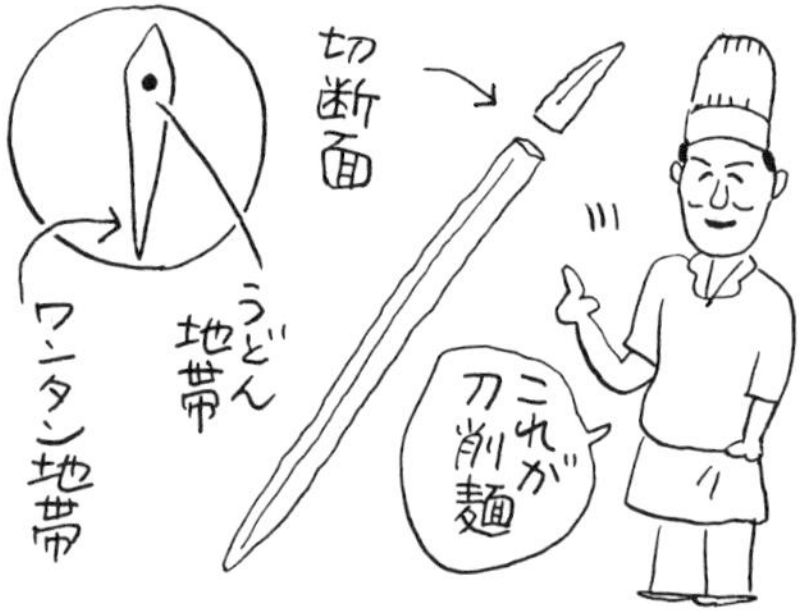

一片の長さ約二〇センチ、幅一センチ、あれほどの速さで削ったのに、長さも幅もほぼ均一なのである。
麺の切断面の形は、日本刀に似ている。
刀身の一番厚みのあるところは約三ミリ。
この麺をズルズルとすすりこんで、わたくしは、思いもかけぬ大発見をして愕然《がくぜん》となったのであった。

わたくしは先ほど、前人未踏の大実験をして大失敗をした。

そしてまた本文の冒頭ではワンタン麺を食べていた。

あの大実験と、冒頭のワンタン麺が、いままさに、いまここに、一本の糸につながろうとしているのだ。

その一本の糸とは何か。

それがまさにこの刀削麺なのである。

刀削麵の幅は一センチ、すなわちきしめんである。一番厚みのあるところは約三ミリ。すなわちここはうどんである。刃先に至る途中は、冷や麦になり、そうめんになり、そうして刃先一帯はワンタンの皮地帯となる。事実このあたりにはビラビラ感がある。

わたくしは中国四〇〇〇年の歴史の知恵に思わず深く瞑目した。

一本の麵で、すべての麵類とワンタンの皮を網羅していたのである。

（一九九二年三月二七日）

ビーフンと日本人

こういうことってありませんか。

朝、歯をみがいているときなどに、不意にあるメロディーが頭の中に浮かんできて、そのあと、しつこく、しつこくそのメロディーがくり返される。

全く突然、〽吹～け～ば飛ぶよ～な将棋の～コマに～、とか、〽ヨコハマー、タソガレー、とか、それまで頭の中で考えていたこととは無関係にメロディーが流れ始める。

歯をみがいている当人に何の相談もなく、脳が勝手に歌を歌い始める。

ぼくにはしょっちゅうそういうことがあって、ついこのあいだは、ケンミンノー～ヤキビーフンだった。

朝、テーブルでみかんを剥《む》いていたら、突然、ケンミンノ～ヤキビーフンが始まった。

ミカンを剥きつつも、ケンミンノ〜ヤキビーフンが頭の中で何回も何回もくり返されている。

　ケンミンノ〜ヤキビーフンには不思議なリズムがあって、何十回かくり返しているうちに、フとミカンをテーブルに置き、ケンミンノ〜ヤキビーフン、と立ちあがり、ケンミンノ〜ヤキビーフン、と歩き出し、ケンミンノ〜ヤキビーフン、ア、ソレ、と、両手が盆踊りの手つきになっていくのだった。

　そういえば焼きビーフンてどんなものだっけ？

　焼きそばみたいだがそばじゃない、ア、ソレ、ビーフンだから米の麺、ア、ドッコイ、と、テーブルを一周し、食ってみたいな焼きビーフン、と、玄関に至り、ケンミンノ～ヤキビーフン、と外に出、ケンミンノ～ヤキビーフン、ア、ソレ、と行きつけのスーパーに向かうのだった。

焼きビーフンを最後に食べたのは何年ぐらい前だっけ。

いつ、どこで、どういう状態のものを食べたのか記憶にない。

とにもかくにもスーパーの麵のコーナーに向かう。

ありました、焼きビーフンではなく、干麵の状態のもので、ケンミンではなく台湾からの輸入物。一袋三人前、一五〇グラム。

袋のうしろに焼きビーフンの調理法が書いてある。

まずビーフンをお湯に三～五分つけておいて水を切る。具は豚肉、キャベツ、ニラ、人参、椎茸《しいたけ》などで、これらを細く切って油で炒める。

両者を一緒にしてスープ二カップを入れてフタをして三～五分ほど蒸し煮にする。

味つけは、塩、醬油、オイスターソースなど適宜。

スーパーから帰ってきたころには、ア、ソレ症候群はすっかり治まっていて、きわめて冷静に、手順よく焼きビーフンができあがる。

いーい匂い。

見かけはまさに焼きそば。ニラの緑とニンジンの赤が鮮やかだ。

箸ですくって一口。

すすりこもうとすると、麺なのにズルズルとすすりこめない。

ビーフンたちが抵抗の姿勢を示すのである。

それでも強引にすすりこもうとすると、更に抵抗する。

明らかにすすりこまれるのを嫌がっている。

仕方なくスパゲティ風にグルグルとまとめて口に入れると、こんどはモサモサする。

うどん、蕎麦《そば》、そうめん、スパゲティなどの小麦粉系とは明らかに違う口ざわりだ。

モサモサ、そしてちょっとザラザラ。

日本人が麺一般に要求する腰がない。

そこのところにちょっと違和感がある。

じゃあ、まずいのかというと全然まずくない。

というよりとてもおいしい。

突然ではありますが、焼きビーフンはチャーハンなのです。

米を米粒のまま炊いて炒《いた》めたのがチャーハン。

米を粉にし、麺にして油で炒めたのが焼きビーフン。

だから焼きビーフンが旨《うま》くないわけがない。

当然、

「きょうのお昼はチャーハンにしよう」

という人がいるように、

「きょうのお昼は焼きビーフンにしよう」

という人がいても不思議はないのだが、そういう発想の人はまずいない。

それにビーフンを食べさせてくれる店がめったにない。

日本は瑞穂《みずほ》の国と言われ、米がなければ夜も日も明けないはずなのに、ビーフンに関してはなぜか冷たい。

なぜでしょう。

できあがった焼きビーフンを食べながらつくづく考えました。

ビールなんかも飲みながらあれこれ考えました。

あ、ついでに言っときますが焼きビーフンはビールに合います。

焼きビーフンの横にちょっと紅生姜《しょうが》なんか置いた日にゃ、もうたまらんです。

なぜ日本人はビーフンに冷たいのか。

農業国だった日本人は腰を非常に大切にする。

鍬《くわ》をふるって大地を耕すには腰がすわってなければならない。

お相撲さんも腰が大事だ。

辞書をひくと、腰が重い、腰砕け、腰抜け、腰が低い、など腰に関する言葉が非常に多く出てくる。

うどん、蕎麦、そうめん、中華そば、いずれも腰がないと評価されない。

ビーフンももうすコシ腰があれば、という人が多いようですよ。


（二〇〇五年一二月一六日）

タイのわけありチャーハン

タイのチャーハンはうまい。

それほど辛くなくて、日本人の口になじむ。

そのせいか、タイにやってきた日本人で、タイ料理が口に合わない人はチャーハンばかり食べているという。

名古屋からやってきた観光客ならば、

「チャーハンさえ食うてりゃ、まちがいにゃーだわ」

と言って喜ぶにちがいない。

作り方も、日本のチャーハンとほとんど同じだ。中華鍋に油をひき、卵を炒《いた》めてほぐし、そこへゴハンを入れる。中に入れる具も、豚肉か鶏肉か牛肉。

エビ、レーズン、パイナップルなどの具もあり、このへんが少し違うかもしれない。

いちばん違うのは、ゴハンが外米（インディカ米）だという点である。

この外米のチャーハンが旨《うま》い。

粘りのない外米がチャーハンに合う。香ばしくて、サラリ、パラリとしていて口あたりもいい。

名古屋のおとーさん
うみゃーてりかんわ
シンハービール

一粒一粒の米が、油でこげたような味わいになっている。

一粒一粒の米の表面に、油と卵と塩気がまとわりついている。

その米粒たちがカラリとしていて、口の中でホロリとくずれる。

味つけも少し違う。

例のナンプラーと、ガピという調味料で味をつける。

ガピは小エビの塩から風ペーストで、少し発酵している。カラリと炒められた外米チャーハンの中に隠された、ガピの味わいがいい。

例の名古屋の観光客ならば、

意外に長袖の人が多し
大阪のおとーさん
右手にスプーン
左手にフォーク

「どえりゃーうみゃーていかんわ」

ということになるにちがいない。

出来あがりは薄味になっていて、客はこれに、例の四種の調味料をかけて食べる。

四種の調味料とは、ナンプラー、赤唐辛子粉、青唐辛子入り酢、砂糖のことである。

周辺の人々のチャーハンの食べ方を見ていて、その食べ方がわかった。

少量のチャーハンをお皿のすみに片寄せる。そこへ、四種の調味料を適当に按配しながら少量ずつふりかける。時にはナンプラーを多く、時には酢を多く、というふうに、一口ごとに味に変化をつけながら食べる。

タイの人の食べ方は、きわめてゆ

っくりだ。一口ごとの味の変化を楽しんでいる。

もし、これを大阪の観光客が見ていたならば、

「あー、イライラする。ガバーッと汁かけて、ガバーッとかっこんで、はよ食ってくれんか」

と、テーブルをたたくにちがいない。

タイの料理には欠かせないものが、この四種の調味料のほかにもう一つある。

それはパクチーという香菜である。

このことは、いずれ書かなければならないと思いつつ、気が重くてなかなか書けなかったことなのである。

なぜかというと、日本には存在しない味と香りのハーブだからなのだ。

説明しようにも説明のしようがない。

その説明のしようがないものを、タイの人はどんな料理にも用いたがる。

ラーメンにもチャーハンにもカレーにも、こまかくちぎってふりかけたがる。

「あのねー、わし忙しかけん、パクチーたら何たらいう専門的なことは止めにして話をすすめてくれんね」

と熊本の人ならば言うにちがいないが、まあ、いちおう聞いてやってくれんね。

これを語らないと、タイの食べ物を語ることにならんぞなもしじゃけん。

パクチーというのは英名コリアンダー。セリ科の植物で、見た目は日本のセリとパセリとミツバの中間のような形をしている。

匂いが極めて強い。

その匂いは何とも表現しがたい。

そんなことを言うと、東北の人に、

「表現しがたいなんて、無責任だべ」

と怒られるかもしれないのでシブシブ書くと、ンート、あれです、ワサビの茎とニンジンの葉と、セリの匂いをうんと強くしたような匂い。ドクダミの匂いにも似ている。

少なくとも、ニラ、ニンニク関係の匂いではない。

このパクチーは、嫌いな人は二度と口にしないが、好きな人はやみつきになる、という個性の持ち主である。

一度好きになった人は、「もうたまりまへん」と言って味噌汁にもお新香にもおかゆにも納豆にも入れたくなるが、嫌いな人は「勘弁してちょ」と泣いてあやまりつつハダシで逃げ出すはずだ。

そういうわけで、チャーハンにもパクチーが合う。

チャーハンは屋台でも定食屋でも高級レストランでも、それぞれの形で出てくる。

高級店では、パイナップルをくり抜いてそこにチャーハンを詰めたものを出す。

定食屋でチャーハンを食べていて、ふと外を見て驚いた。

信じがたい光景を見たのである。

バンコクの交通渋滞は東京以上にすさまじい。

電車というものがまるでないから車に頼る以外方法がない。

大渋滞の中ではオートバイが有利だ。

ウンカのごときオートバイが、トラック、タクシー、三輪タクシー、乗用車の間を縫うようにして飛ばしていく。

そのオートバイに、一家が乗っているのが見えた。

若いおとうさんがハンドルを握り、ハンドルとおとうさんの間に幼児、うしろの荷台にはおかあさん。

おかあさんの背中には赤ちゃん、そしてヒザの上にももう一人の赤ちゃんを抱いている。

ま、ここまでは、ありがちな光景かもしれませんね。

ところが、おかあさんの手には哺乳《ほにゅう》ビンが握られていて、その哺乳ビンの乳首を、ヒザの赤ちゃんがしっかりくわえているのである。

すなわちこの一家は、オートバイで赤ちゃんに乳を飲ませながら、バンコクの大雑踏の中を、右に左に車をかすめつつすっ飛んでいくのであった。

おそろしかー。


（一九九二年九月二五日）

旭鷲山は何を食べて育ったか

プロレスラーの食べ物というと、まず肉が思い浮かぶ。

それも分厚いステーキ。

古い話で恐縮だが、力道山時代に日本にやってきた外国人レスラーの一人にキングコングというのがいた。

この人の一回の食事量が、ステーキ五キロ、牛乳二ガロン、鶏三羽ということになっていた。

そういうわけで、プロレスラーはステーキ。

力士は鍋。

競輪選手は焼き肉。

サラリーマンはサバ味噌煮定食。

政治家は料亭の懐石料理。

ボーズ（蒸し饅頭）
バンシ（水ギョウザ）
具は大体同じ

それぞれの職業に、それぞれ似合う食べ物がある。

話は急に変わるが、大相撲はいま秋場所のまっ最中。

現在の相撲界は外国人力士を抜きにしては考えられない。

これまでの外国人力士といえば、ハワイ出身、そして大型というイメージだったが、ここへきて少し雲行きが変わってきた。

モンゴル系の登場である。

その代表が旭鷲山で、この一派は決して大型ではない。

むしろ小型で、じゃあ、筋肉モリモリかというとそういうわけでもない。

不思議な筋肉のつき方をしていて、

モリモリではないのになんだか凄みがある。

プロ野球の中日ドラゴンズの大豊選手の筋肉のつき方も独得で、同じ東洋人でも筋肉のつき方が様々であることがわかる。

大豊選手がどういう食生活で育ってきたかは大体想像がつくが、モンゴル出身の旭鷲山はどんなものを食べて育ってきたのか。

ワザのデパートモンゴル支店と言われる、彼のあのパワーの源は何なのか。

旭鷲山は稽古のときでも、周りの力士が疲れてグッタリしているのに、一人だけ元気に飛び回っているそうだ。

その上、目が小さくて細くて愛嬌があってなんだか可愛らしい。

と思っていたら、秋場所のちょっと前のテレビのスポーツ番組（たぶん日本テレビのスポーツうるぐす）に彼が出てきて、

「故郷の食べ物を食べて元気をつけてください」

と言われて出てきたのが羊の肉だった。

大きな羊の肉のカタマリ。

調味料の色がついてない白っぽいカタマリを、旭鷲山は手でむしって、何もつけずに食べていた。柔らかそうな肉でとてもウマそうだった。

一体どういう味つけがなされているのだろう。

と思っていたところへ、

「都内にも一軒だけモンゴル料理の店がある」

という情報が入ってきた。

とげ抜き地蔵で有名なJR巣鴨駅から歩いて一〇分ぐらいのところにある「シリンゴル」という店がモンゴル料理専門店だという。

店内はわりにあっさりした飾りつけで、チンギスハンの肖像と、馬頭琴という楽器と、二、三の民芸品を並べてあるだけ。

経営者は日本人なのだが、モンゴル人の友人に誘われてモンゴルを訪れ、大草原の国の虜《とりこ》になったのだという。

席につくと、まずスーティツァイというモンゴルミルクティーが出てくる。

羊の乳（この店では牛乳）にモンゴル茶（紅茶風の風味）を入れ、少量の塩で味をつけたもので甘みはない。

これは単なるお茶ではなく、日本の味噌汁に相当するもので、食事中、パンをひたして食べたり、その日の残りものを入れて、日本の汁かけめし風にして食べたりするものだという。

チャンサンマハというのが、旭鷲山が食べていたものだった。

骨付き塩茹で肉と説明してある。

モンゴルでは肉といえば羊肉だそうで、この塩茹で肉がとてつもなくウマかった。肩肉とスペアリブの二種類が出てきたが、肩肉のほうの脂身がブヨブヨではなく硬くしまっていてコリコリしてウマい。

大きなカタマリのまま、塩だけで二時間茹でるのだという。二時間も茹でると肉の味が茹で汁のほうに出てしまうように思うが、かめばかむほど肉の味がにじみ出てくる。

肉から茹で汁の中ににじみ出たウマみが、茹で汁を一層おいしくさせたあと、また肉の中に戻ってきた、そういう味がする。
羊くささはほとんどない。
塩味だけなのでとてもさっぱりしていて、いくらでも食べられ、これなら五キロはいけるな、牛乳も二ガロンはいけるな、という気持ちになってしまう。
モンゴルといえばボーズ、といわれている蒸し饅頭も食べた。

蒸し饅頭と説明してあるが、中華料理の点心の小籠包に近く、かみしめると小籠包ほどではないが、熱い肉汁がにじみ出てくる。具は、羊肉とニンジン、白菜、ニラ（ネギ？）。

ハロントガ（羊のしゃぶしゃぶ）は、牛肉の代わりにマトンを使った、という感じの鍋物だが、タレがおいしかった。

練りゴマ、醬油、腐乳という取り合わせで、そこへさらに「ニラの花を発酵させた調味料」を加えているという。

これが不思議な味噌風の風味をかもしだしている。

モンゴル名物の馬乳酒も飲んでみたかったが、これは日持ちがしないとかでメニューにはなかった。

アロールという干したチーズもメニューにあったが、満腹で食べられなかった。

旭鷲山が食べて育ったモンゴルの食事は、大筋において羊肉、バター、チーズ、そして小麦粉系の料理、というもののようでありました。

（一九九七年九月二六日）

カレーをめぐる冒険

カレーライスを手で食べてみたい、と、ずうっと思っていた。

どのぐらいずうっと思っていたかというと、一五年ぐらいずうっと思っていた。

日本人はカレーライスをスプーンで食べる。

ところが、イギリス人はカレーライスをフォークで食べるんですってね。

ぼくはそういう現場を実際に見たことはないのだが、物の本を読むとそういうことが書いてある。

インド人はカレーライスを手で食べる。

インド人のすべてが手で食べるわけではないが、手で食べるインド人は多いようだ。

ぼくはこっちのほうの現場は、実際に何回か目撃している。

もう一五年ぐらい前のことだが、南太平洋の島国、フィジーに一週間ぐらい滞在

このボタボタと
ベタベタが
たまりま
せんのよ
ボタ
ボタ

したことがあって、そのとき毎日のようにインド人が手でカレーライスを食べているのを見た。

フィジーは住民の四割以上がインド系で、街はインド人だらけなのだ。

街のレストランで食事をすると、すぐ隣の席でインド人が手でカレーライスを食べている。

どういうふうに手で食べるかというと、親指と人さし指と中指と薬指を使ってつまみあげるようにして食べる。

ライスとカレーソースを指先でコネコネとこね合わせ、ほどよく混じりあったところで口のところへ持っていってヒョイという感じで口に入れる。

手で食べることを前提にしているのでカレーライスは熱くない。

彼らは食事中ずうっとカレーライスをこねている。

いっしょに来た人と話をしながらコネコネ、窓の外を見ながらコネコネ。興味深いのはこねている手元を見ないことだ。

指先でカレーソースやライスの混ざり具合、肉のぬめり具合を楽しんでいるように見える。

〝そのあたり〟のぬめり具合を〝まさぐっている〟ようにも見える。

多分、口中だけでなく、指先でも味わっているのだと思う。

指先でまさぐることは、これから口に入れるライスの状態、ソースの状態、肉の質などの事前調査にもなる。

手の動きはあくまでゆっくりで、少し気だるそうに、やるせなさそうにカレーライスをいじっている。

「ああいうのいいな。一度やってみたいな」

と、そのときそう思って、それから一五年、ずうっと決心がつかないできた。

いや、実際に相当な決心がいるものですよ。カレーライスにジカに指を突っこむのは。

〝カレーライスを手で食べてみたい一五周年〟を記念して、ついに英断は下された。

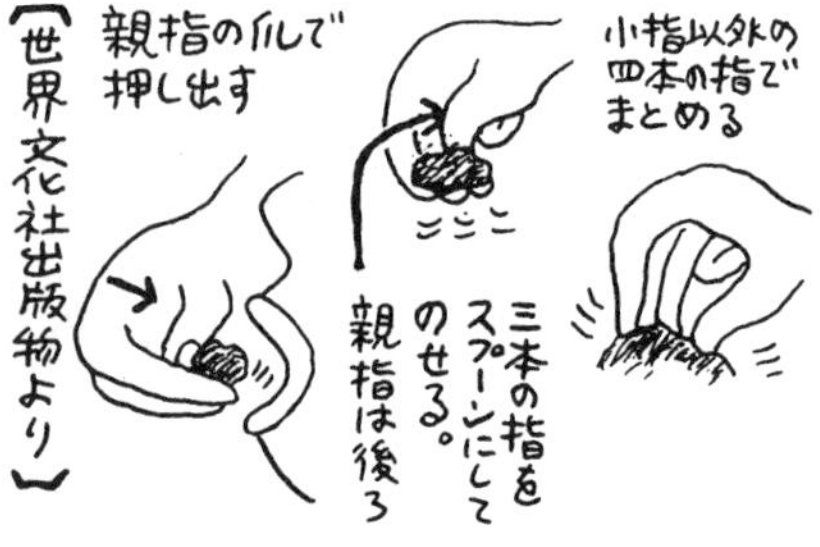
小指以外の四本の指でまとめる
三本の指をスプーンにしてのせる。親指は後ろ
親指の爪で押し出す
【世界文化社出版物より】

決行場所は有楽町にあるインド料理店「マハラジャ」。

ここはインド人の客が多いそうだから、手で食べても目立たないにちがいない。

食べるカレーライスはマトンのカレー、一二〇〇円。

ライスを指でさわってみると熱いので冷めるのを待ち、いよいよ決行。

スプーンでカレーソースをライスの上にかける。指先をその上に持ってはいくのだが、どうもなんだか、モジモジ、モジモジ、晴れがましいような、きまりがわるいような、照れくさいような、なかなか指先を突っこめない。

ようやく意を決して突っこむと、最初はやっぱり指先がヌルヌル、ベタベタして気持ちがわるい。

が、そのうち、少しずつ楽しくなってきた。

子供のころの泥んこ遊びの記憶がよみがえってきた。

ライスとカレーソースを指先でコネコネと混ぜ合わせる。肉の塊をさわってみる。

あ、脂のとこ、ニュルニュルして気持ちがいい。

あ、脂じゃないとこ、グニョグニョしていい気持ち。

確かにこの感触は、スプーンで食べていたのでは味わえない。

この店のマトンカレーは相当辛い。

その辛さがチリチリと指先にも感じられるような気がしないでもない。

スプーンで食べる場合は、カレーソースはライスの上に〝のっかった〟状態だが、手でこねるとライスにカレーソースが〝まぶされた〟状態になる。

指先でつまめる量はスプーンほど多くない。

ごく少量なのだが、指先から口の中に移すときがむずかしい。

少しボタボタとたれる。

たれるところが楽しい。

子供にかえったみたいで嬉しい。

ぼくの周りでは、インド人が二人、三人とカレー料理を食べているのだが、日本人なのに手で食べているぼくに関心を示す人は一人もいない。

ライスにカレーを少し
ずつかける。
いっぺんにかけない

安心して大胆になる。

だんだん平気になる。

手のベタベタがかえって嬉しい。

この手を人になすりつけたくなる。

この食事法は、食事中、右手がベタベタだということを常に頭に入れておく必要がある。

背広の内ポケットのケータイが突然鳴って、あわてて右手をフトコロに突っこむと大変なことになる。

この食事のあと、何でも手で食べてみたくなった。

カツ丼なんかも手で食べると楽しいかもしれない。

納豆なんかも面白いかもしれない。


（二〇〇〇年七月一四日）

キウイは答えず

キウイは一体何を考えているのか。

と、ぼくはキウイ当局に訊《き》いてみたい。

と同時に、キウイの総元締であるニュージーランド当局にも訊いてみたい。

訊いてみたいのは次のようなことである。

だいたい果物というものは、リンゴやオレンジやイチゴやサクランボを見ればわかるように、身辺を色とりどりに、華やかに飾って鳥たちの興味を引き、しこうして食べてもらい、鳥たちの広範な活動範囲を利用して糞《ふん》といっしょに各地にばらまいてもらうことを生活信条としているはずである。

事実、果物たちはそうやって今日の繁栄を築いてきた。

身辺華美、これが果物たちの生き方の基本だ。

しかるに何ぞや。

けしからん
キウイやランブータンに赤面する人がいるそうですよ
プルプル
ランブータン
キウイ

キウイの相貌を見よ。

何という地味。

何という質素。

何という貧困。

小汚いといってもいいくらいの身なりは一体どういうつもりなのか。

あれはどう見ても鳥たちの関心を引こうとする態度ではない。

彼らはなぜそうするのか。

ね、訊いてみたいでしょう。

そもそも果物というものは、新鮮、ピチピチ、みずみずしい、といった言葉で表現されるように、ハツラツとした若々しさがその魅力となっているものだ。

たとえてみれば若い娘系。

若い娘はウッフン、というサクラ

ンボの歌がはやったこともあったくらいだ。
ピチピチギャル系、イケイケギャル系というのが果物のイメージだ。
しかるに何ぞや。
キウイはどう見ても老婆系ではないか。
しかも病身の老婆系。
この姿ではどう考えても鳥たちの関心を引くのは無理だ。
いったい彼らはどういう魂胆なのか。
ね、訊いてみたいでしょう。
不審のあまりキウイに問えどキウイは答えず。
ニュージーランド当局に問えど、いま隣の国がオリンピックで忙しいからダメと
ニュージーランドは答えず。
そこでその理由をぼくなりに考えてみました。
つまりキウイは鳥たちに容喙《ようかい》してほしくないのです。
くちばしをはさんでほしくないわけです。
なぜか。
彼らは遠くへ行きたくないからです。
人間にも、

外国人は
不器用で
皮をむくのが苦手
なのでスプーンで
ほじって食べる
そうです

「わたし飛行機ダメなんです」

という人がいるように、キウイは、

「わたし、鳥ダメなんです」

のたぐいなのだ。

といったような理由が考えられる。

また、こういう理由も考えられる。

キウイは外観の貧しさに反して、内実は意外に美しい。

華美とまではいかないが、創意と工夫に満ちた美しいデザインである。

輪切りにしてみると、全体が薄緑色の中に、中央から広がるやや濃いめの緑色の放射状の線。

中央の芯の白色。

中央に散在するゴマ粒のような黒の点々。

南国の果実とは思えない、ちょっと渋めでどこか東洋的な色彩美。

輪切りにしてショートケーキなどにはめこまれて使われるように、そのままで優れたデザインとなっている。

グニュグニュとして水分に富んだ果実を口に含めば、さわやかな甘み、さわやかで玄妙な酸味、そしてそのいずれもが控えめで大人しい。

キウイがそうした美しい色彩、美しいデザインを、わざとやや汚らしい皮でおおっているのはなぜか。

なぜ、わざとそんなことをするのか。

江戸時代に、誰だったか忘れたが、奢侈《しゃし》禁止令のようなものを出した殿様がいましたよね。

そのとき江戸の町民たちはどうしたか。

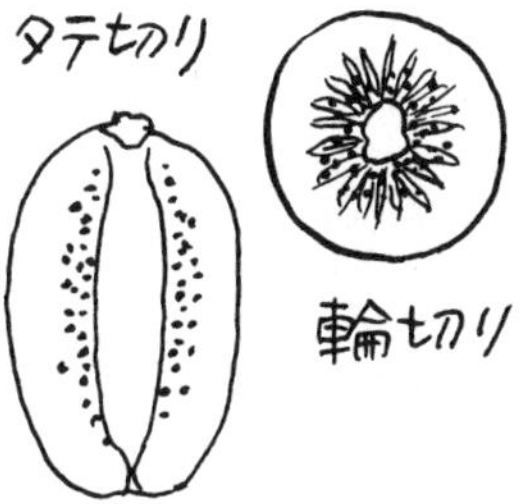

表面は貧しそうに装っておいて、見えないところで贅沢をした。

羽織の表は地味にしておいて裏地を派手にした。裏地に凝った。

キウイはまさにこれではないのか。

キウイの歴史の中にそういう時代があったのだ。キウイの江戸時代に奢侈禁止令が出たのだ。

という説も考えられるのだが、調べてみるとキウイの原産地は中国だった。したがって〝キウイの江戸時代〟という考え方には無理がある（もともと無理があったけどね）。

キウイはその外観のためにずいぶん損をしている。

病気見舞いなどに、果物を満載した果物籠がよく使われるが、キウイはその中に加えてもらえない。

あまりにも見映えがよくない。

見映えがよくない上に、前述のようにどこか病んだ感じがある。

病室の病人がこれを見てどう思うか。

われわれの世代はキウイに人生の途中で出会った。

ミカンやリンゴは幼児のときから親しんできたが、キウイはずぅっとあとだ。

なんだか転校生が入ってきたような感じで、いまだにそういう交《つ》きあいが抜けきれない。

つまり、よそよそしく交きあっているということですね。


（二〇〇〇年一〇月一三日）

アフリカ

ワニを食べる

ワニを食べてしまった。

「そんなことをしてもいいのか」

と言われそうだが、食べてしまったものはいまさらどうにもならない。

これまで、ワニを食べてみようなどと思ったことは一度もなかった。

食べてもいいものだと思ったことも一度もなかった。

ワニは人間が食べるものではなく、ワニのほうが人間を食べるものだと思っていた。

ターザンの映画などでは、悪者の人間が、よくワニに食べられていた。

もともとワニは、いろんなものを食べるが、人間を食べるのが一番よく似合うような気がする。

あの大口に、人間がよく似合う。

悪者の人間が、ワニにくわえられて、手足をバタバタさせながら水の中に引きずりこまれていくのを見ると、なんて頼もしい奴だと思ったものだった。

そのワニを食べてしまったのである。

しかも、唐揚げで食べてしまったのである。

動物の世界では、ワニはライオンや虎や熊などと共に、〝強者〟の部類に属している。

古代エジプトの王様たちにも、ライオンになりたい王様や、ワニになりたい王様などがたくさんいたぐらいで、ワニは一種尊敬とあこがれの念を持って迎えられていたのである。

現代にも、そのたぐいの人はけっこういる。

ワニ革の靴にワニ革のベルト、ワニ革時計バンドにワニ革財布、口元はと見ればワニ口に金の総入れ歯という、オールワニ物で身をかため、

「ワシ、ワニになりたいんだわに」

と言わんばかりの人をときどきみかける。

その尊敬とあこがれのワニを食べてしまったのである。

しかも唐揚げで食べてしまったのである。

同じ食べるにしても、強者には強者なりの遇し方、食べ方があると思う。

ワニの姿造り、ワニのブツ切り銀串バーベキュー、ワニ鍋、ワニ煮込み、ワニ汁など、それらしい料理法があるはずなのだ。

唐揚げなどというふさわしくない食べ方をしてしまって、本当に申しわけないことをしたと思う。

ワニばかりではない。

実をいうと、カンガルーも食べてしまったのである。

カンガルーというものは、オーストラリアあたりの大平原を、跳びはねつつ走りまわっているものであって、まあ、あれはあれで大変な生き方を選んでしまったのだなあ、という思いはあっても、あれが食べ物だなどと思ったことは一度もない。

そのカンちゃんを食べてしまったのだ。

しかもカンちゃんの場合は、あろうことか刺し身にして、お醤油をつけて食べてしまったのである。

もう一つ白状すると、ダチョウも食べてしまったのである。

ダチョウにはかねがね同情を禁じえなかった。

長くて細い足の上に、大きくて丸い胴体をのせ、立っているだけでも不安定なのに走りまわらなければならない。

鳥なのに飛べないからヨタヨタと走りまわらなければならない。

不運、という言葉がダチョウにはよく似合う。

そのダチョウを食べてしまったのである。

〝たたき〟にして、ゴマ醤油だれにつけて食べてしまったのである。

どうしてそんなことになってしまったのか。

東京・渋谷（といっても新宿駅南口のすぐ近く）にあるアフリカ料理店「R」で、そういうことになってしまったのである。

とっても辛《から》いアフリカ料理というものがあると聞いて、

「そういうもんでも食ってみっぺか」

と、なぜか急に東北弁的思考になって出かけていったのである。

そうしたら、ワニとカンガルーとダチョウがあるという。

「じゃあ、そういうもんでも食ってみっぺか」

と、またしても東北弁的太平楽思考になって、それらを注文したというわけなのだ。

ワニは、唐揚げとステーキがあるというのでその両方を注文した。

そもワニの肉とはいかなる味か。

最初に唐揚げがきた（一二〇〇円）。

これはまさに鶏の竜田揚げであった。

肉に醬油っぽい味を含ませてあって、肉質も鶏そのものである。

これだったら、なにもワニ御大にお出ましを願わなくても、配下の鶏で十分料理が務まるようだ。

もう少し厳密に言うと、鶏よりもほんの少し硬い感じで、しかし地鶏の硬さとはちがうモチッとしたような硬さ。

ステーキになると（三〇〇〇円）、不思議に味は一変する。

喫茶店のマッチの大箱ぐらいの大きさの肉片が三枚、きれいにカットされて皿の上に並べられている。

(これが元ワニか)

というような変わり果てた姿である。

元ワニ、ではなく、いまもワニなのだが、どう見てもワニの面影がない。

ワニを焼いた肉汁に、バターとクリームを加えてどうにかした、というようなソースがかけてある。

色は豚のもも肉風で、ところどころに脂肪の層が走っている。

ナイフで切るときは硬いが、噛《か》みしめてみると意外にやわらかい。

何に似ているのかといえば、豚のもも肉に一番近い。

ワニというと、パサついた感じの大味を予想するが、なかなかどうして味の濃いおいしい肉である。

（ワニもなかなかやるじゃないの）

と思う。

クリームっぽい白いソースなのに、噛みしめているとカツオ出しのような和風の味がしてくる。

カンガルーの刺し身は、ルイベ風で出てきた。

味は馬肉のルイベである。

鯨の赤身にも近いし、両方をかけあわせたような味でもあるし、要するにあまり肉の味がしないのだ。

これをワサビ醬油で食べる。

カンガルーは硬くておいしくない、とよくいわれるが、こういう食べ方しかないのかもしれない。

ダチョウのたたきは、焼き肉のたれ風のものにつけて食べる。

表面を湯びきしたのち、アーモンドの薄片ほどの大きさに小さく切ってある。

牛のもも肉のたたきに似ていてそれよりも硬い。

世の中にはこういう肉もある、といったところだろうか。


（一九八九年四月二八日）

ロバさんの国のエチオピア料理

食べ物屋のガイドブックをパラパラとめくっていたら、エチオピア料理という文字が目に入った。

エチオピアといえばマラソンで有名だ。古くはローマ、東京の両オリンピックで優勝したはだしのアベベ選手、最近ではアトランタ大会で、いとも簡単に優勝してしまったロバ選手など、名選手を輩出している。

こういう国の人々はどんな食生活をしているのか。

ウーム、興味あるなあ。

長距離ランナー王国エチオピアは、いまは連邦民主共和国だが「シバの女王の国」と称して世界最古の王国（『広辞苑』）でもあったのだ。

アフリカ大陸の北東部に位置し、キリン、カバ、ハゲワシ、爬虫類の多い国としても知られている。

アフリカのケニア（エチオピアの隣国）にあるエチオピア料理の店に行ったことのある人の話によると、

「エチオピア料理は、肉や野菜のシチューをパンで包んで食べるのが基本」

だそうだ。ただし、そのパンが、

「非常に特殊なパンで、小麦粉ではなく、エチオピアに生えているテフという雑穀の実を粉にして発酵させ、蒸したスチームブレッドである」

しかも、

「直径四〇センチ、厚さ五ミリほどで、ちょうど包丁で切る前ののした蕎麦に色も形もよく似ていて食べるととても酸っぱい」

のだという。

ウーム、興味がわくなあ。一刻も早くどんなパンなのか実物を知りたい。

読者諸賢もだんだん興味がわいてきたでしょ。近ごろのTVのクイズ番組のスタイル「答えはコマーシャルのあと、すぐ!!」風にいえば、「答えは数十行読んだあと、すぐ!!」ということになる。

日本には大抵の国の料理の店があるが、エチオピア料理の店はただ一軒しかない。聞くところによると、日本どころか東洋に一軒なのだそうだ。

東洋に一軒。

ウーム、ますます興味がわくなあ。

東洋に一軒のエチオピア料理の店「クィーン・シーバ」は、目黒の山手通り、東山のビルの地下一階にあった。意外なことに思ったより大きな店で、約三〇名は収容できそうだ。

さらに意外なことに、夕方七時、すでに二〇名ほどの客で賑わっていた。

さらに意外なことは、その客のほとんどが若い女性だったことだ。

五名ほどのカウンターには、アフリカ系の衣装をまとったアフリカ系の女性が二名、ビールを飲んでいる。

壁にはエチオピア風俗の絵、牛一頭分の皮の表側に描かれた人物画などがかかっていて、エチオピア風の弦楽器の音楽が流れている。

鹿とターキーのスープ
赤いけど辛くない
レンズ豆のサモサ
パセリ
野生の山羊さんのシシカバブ
ペースト
レモン
パセリ

——当店はエチオピアの代表的な家庭料理をそのまま召しあがっていただくため、材料を現地より取り寄せてすべて手作りで提供しています——

と店のパンフレット。

つまりロバ選手などが日常的に食べている料理ということだ。

五〇〇〇円のコースを注文。

あ、その前にビール。エチオピアビールというのはないらしく、隣国のケニアのビール「タスカー」。

コースは全部で七品。

①鹿とターキーの野菜スープ

いきなり鹿とターキーなのだ。

②レンズ豆のエチオピア風サモサ

③ビーツ、レタスなどのサラダ

④エチオピア風スクランブルエッグ

⑤野生の山羊のシシカバブ
野生というのがいい。野生ということは自活、自立している立派な山羊さんたちということであり、キャリア、ノンキャリアで分類するならば、ノンキャリア組で苦労している山羊さんたちなのだ。
⑥シチュー三種
⑦パン二種（インジェラとダボ）
まず①。トマト主体のミネストローネ風スープの中に、鹿とターキー、玉ネギ、人参が入っている。スパイスは強くなく辛くない。鹿はやや硬いがじっくり噛むほどに味が出てくる。牛肉とほとんど変わりなく、ターキーはもともと味のない肉なので、まあ、賑やかしというところか。
②インドのサモサより小さく皮も薄い。レンズ豆を煮て味つけして春巻き風の皮で包み油で揚げてある。ややクミンの香り。
③これはもう、ごくふつうのサラダ。
④トマトや玉ネギをつぶして煮てトマトソースのようにし、卵を入れてスクランブルしてあ

る。スパイスの香りもなくまことにおとなしいもの。

⑤全然山羊くさくなく、ほんの少し、羊に似たにおいかな、という程度。玉ネギではなく、ネギをはさんで焼いてあるところが日本的。

ウェルダンに焼いてあって硬めだが、噛むほどに、味わうほどに、ノンキャリアで苦労してきた山羊さんの苦労の味がにじみ出てくる。唐辛子のペーストをつけて食べるのだが、日本のカンズリそっくりの味で相当辛い。

⑥⑦三種のシチューといっしょに二種のパンが出る。

推定直径四〇センチほどのパンを七センチ幅に切ってロールしてあるのがインジエラで、これでシチューを包んで食べる。薄い玄米パンという感じで湿っている。確かに酸っぱいが、それほどでもない。アワ、ヒエ系の雑穀の味がする。ダボは気泡の多いパサついたパンで、これはシチューにひたして食べるもののようだ。

シチューは、Ⓐ鶏肉カレーのスパイスをかなり抜いたもの。Ⓑ牛挽き肉入りトマトシチューのうんと辛いの。Ⓒキャベツと人参と絹さやのスープ煮といったもので、いずれもなんだかおとなしくて〝アフリカ大陸〟とか〝エチオピア〟があまり感じられない。長距離ランナーとエチオピアの関係は、もう少し研究の余地がありそうだ。

（一九九七年四月一八日）

チュニジアの夜

川口外務大臣によって「勝負服」というものが話題になった。

「ここ一番というときには赤を着る」

とかで、川口さんは今後めったなことでは赤を着られなくなった。

それまで、勝負服という言葉はあまり聞いたことがなく「勝負パンツ」のほうはよく耳にしていた。

勝負パンツというのは、女の人が何回目かのデートのあと、「今夜は勝負に出るゾ」というときにはいて出かけるパンツのことを言う。

勝負パンツは語感がいい。

キリリとしていて、はき終わってスックと立ったその立ち姿を想像すると、なんだか勇ましく、なんだか頼もしく、雄姿、という言葉がぴったり当てはまる。

日本にはもともと緊褌《きんこん》一番という言葉があって、この緊褌一番対勝負パンツの戦いは、想像するだに勇壮で血湧き肉躍る思いがする。

勝負服、勝負パンツに次いで、勝負飯《めし》というものも日本には古《いにしえ》よりある。

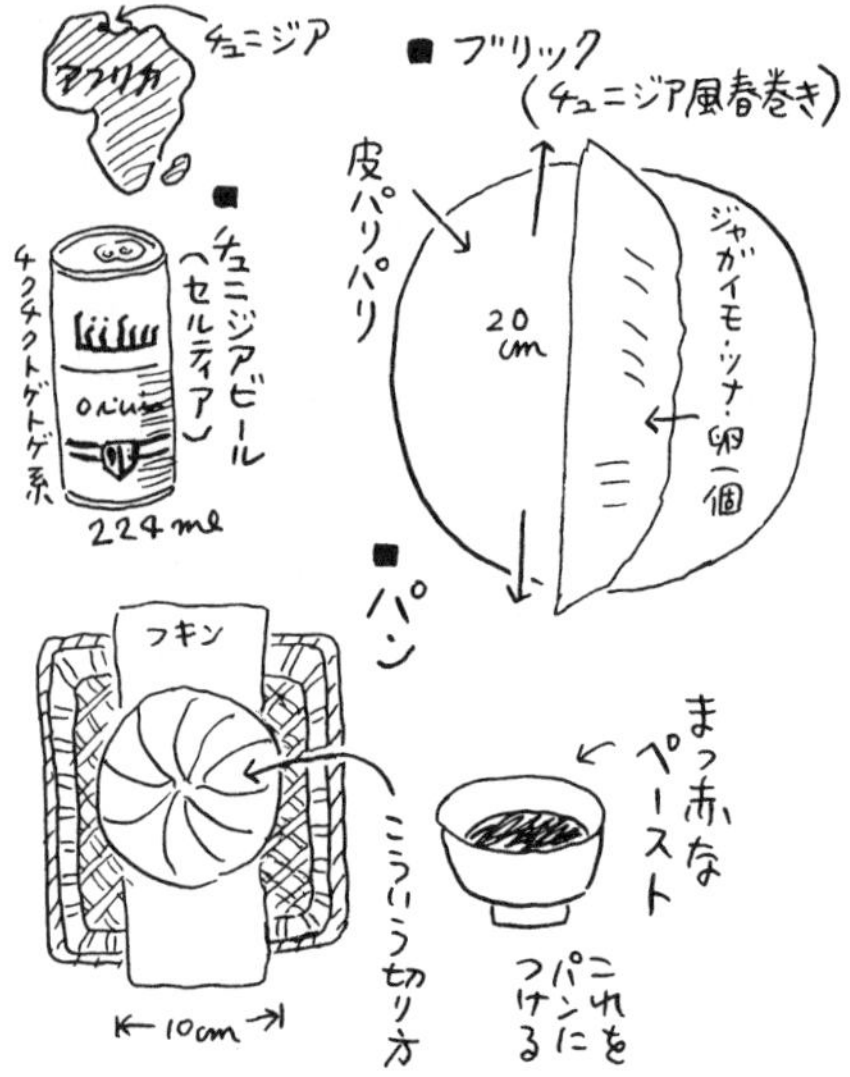

チュニジア
アフリカ
■ブリック
(チュニジア風春巻き)
皮パリパリ
20cm
ジャガイモ・ツナ・卵一個
■チュニジアビール
(セルティア)
チクチクトゲトゲ系
224ml
■パン
フキン
こういう切り方
10cm
まっ赤なペースト
これをパンにつける

いざ出陣、ということになるとお赤飯を炊いて食べる。

プロ野球の選手は、オープン戦が終わっていざ開幕という日の朝は、尾頭つきの鯛で祝うという。

高校野球の甲子園大会では、試合の前夜、宿舎はトンカツを出して出陣を祝い勝利を共に祈念する。

勝負飯の風習は、今回のサッカーのW杯にも適用される。

どういうふうに適用されるのか。

日本と対戦する相手国の料理を食べる、というヘンテコな形で適用されているようなのだ。

これまでの日本の勝負飯には、〝祝う〟と〝必勝祈念〟とが入り交じっていたのだが、そこんところへ〝ついでに〟というのが加わってきたようなのだ。日本チームの対戦相手にベルギーが決まったから、ついでにベルギー料理を食べてみっか。

日本チームの対戦相手にチュニジアが決まったから、ついでにチュニジア料理を食べてみっか。

そのあたりの実情はどうなっているのか、と、当あれも食いたいこれも食いたいそのあたりの実情調査隊はチュニジア料理の店に出かけてみたのだが、押すな押すなの大盛況、超満員。

JRの新大久保駅近くのチュニジア料理の店「H」は、三〇席ほどの店なのだが、夕方七時には満席で、それでも客は次から次へ押しかけてきて、当調査隊が目撃しただけでも十数組、人数にして三〇人以上を断っていたのである。

多分これは、対戦相手のチュニジアという国が珍しく、一体どんな料理を食べているのだろうか、という興味で押し寄せてきているのであって、もし対戦相手が中国だったら、中華料理の店に押し寄せるということはないと思う。

チュニジアではどんな料理を食べているのだろうか。

チュニジアンクラシック・スペシャルコース（五〇〇〇円）をたのんでみた。

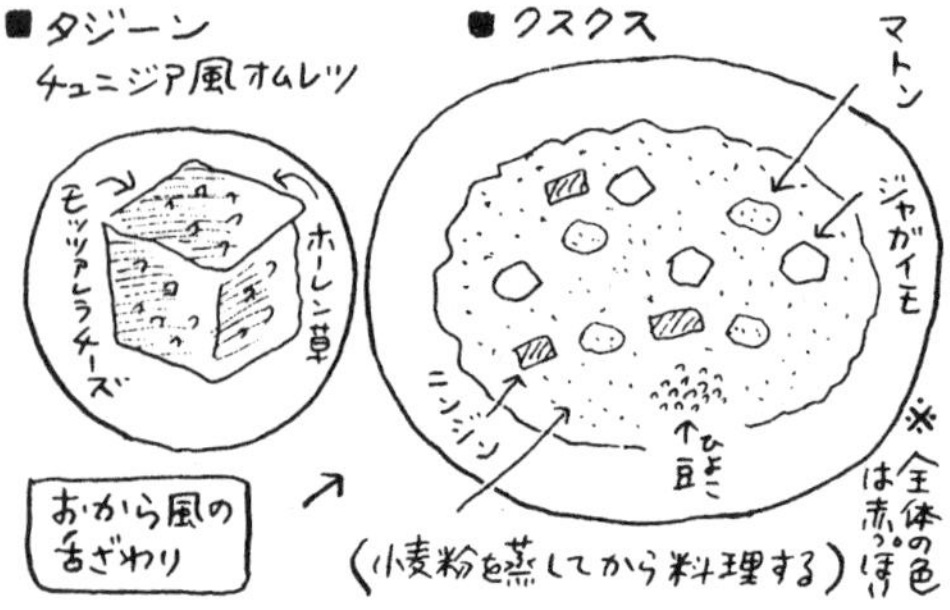
■タジーン
チュニジア風オムレツ
モッツァレラチーズ
ホーレン草
おから風の舌ざわり
■クスクス
マトン
ジャガイモ
ニンジン
ひよこ豆
※全体の色は赤っぽい
（小麦粉を蒸してから料理する）

サラダメシュイ（焼野菜サラダ）
ブリック（チュニジア風春巻き）
ショルバ（ひよこ豆のスープ）
タジーン（チュニジア風オムレツ・チーズ入り）
クスクス（パエーリャの米の部分が小麦粉の粒になっているようなもの）
デザート（ふつうのアイスクリーム）
ミントティー
パンはふっくら系ではなく、引きしまっているやつで、ハリッサという唐辛子とニンニクのペースト状のものをつけて食べる。程のよい辛さでおいしい。

　春巻きがおいしかった。とても大きくて、ツナ、じゃがいも、ケッパー、そして半熟卵が一個入っている。この卵が有効。

焼野菜サラダ
ナス・ピーマン・トマト
(ややペースト状)
オリーブ
ゆで卵

全体的に辛い料理ではない。

店主は在日十数年、店を開いてからは三年弱ということで、特にサッカー目当ての開店ということではないらしい。

店内にはW杯系の装飾は一切ない。

店主はとても気さくな人で（三〇代？）、チュニジア及びチュニジア料理について、上手な日本語で説明する。

来る客来る客、同じような質問をし、店主は同じような説明をし、客はその説明に同じように喜ぶ。

日・チュニ友好は、充分に果たされているようだった。

メニューにはスパゲティの項目もあり、パスタは日常的によく食べるものであるという。

スパゲティのソースとしてはトマト系が多く、それにオリーブオイル、アンチョビ、ゴルゴンゾーラソースを組み合わせているようだ。

客の中に六人づれの会社の上司とその部下らしいグループがいて、「お魚一匹丸ごとオーブン焼」というものを取っていた。

魚は、スズキ、カツオ、ボラなどが用いられ、このときの魚はスズキだった。魚のソースとしては、トマト、アンチョビ、ケッパー、バジリコ、唐辛子などを用いた何種かが用意されている。

チュニジア産のビールもある。

え？ イスラム圏でビール？ と質問すると、チュニジアは戒律がゆるめで、ビールOK、居酒屋OKなのだそうだ。

そのあと、テキーラベースの「ハンニバル」というカクテルを飲み、チュニジア産のイチジクのブランデーも飲んだ。

この日のわれわれのこの食事にはどういう意味があったのだろう。

〝敵地に乗り込んだ〟のは確かだが、乗り込んだあとグニャグニャになったのだけは確かだ。

（二〇〇二年六月一四日）

ヨーロッパ

雪の降る夜の〝ロシア〟

「ロシア料理を食べたことがありますか」

と、唐突に訊《き》かれたら、大抵の人は、

「エ？　エト、エト、エト……」

と、しどろもどろになるのではないか。

イタリア料理もスペイン料理もスイス料理もベトナム料理もタイ料理もカンボジア料理も、みーんな食べたことがある人でも、意外にも、ロシア料理は食べたことがない人が多い。

エスニック料理というものが浮上したときにも、ロシア料理だけは取り残された。

大国と料理は必ずしも一致しない。

大国の料理が、そのまま世界を席捲していくかというと、そうでもないところがおもしろい。

料理の世界は大国も小国もない。

小国の料理が大きな顔をして、大国が小さくなっているところもおもしろい。

ロシアの人々は、一体どんなものを食べているのか。

ロシアといえば行列、ということになっているが、その行列で購入したものをどんなふうにして食べているのか。

その情報はほとんど入ってこない。

われわれのロシア料理に関する知識はまことに貧弱で、

「エート、フロシキじゃなくて……」

「ピロシキね」

「それから、七がついたのがあったわね」

「ボルシチね」

「それから、ビーフがノフした

とかいう……」

「ノフする前にストロガしてない？」

「してる、してる」

「ビーフストロガノフ」

といった程度ではなかろうか。

ぼくも、ピロシキとボルシチという名前は知っている。

ピロシキは、たしかカレーパンみたいなやつで、ボルシチは、ビーフシチューみたいなものだということは知っているが、その実態となるとあいまいだ。日本には世界中のビールが入ってきていて、大抵の国のビールは飲むことができるが、ロシアのビールだけはお目にかかったことがない。

ロシアのビールはまずい、というのが定説で、椎名誠さんの文章には「馬のションベン」という表現がよく出てくる。

浅草あたりの馬肉屋では、馬肉は出すがションベンのほうは出さないからどんな味がするのかわからない。

一方、日本にはロシア料理というものが昔からある。

歌手の加藤登紀子さんのおとうさんがやっていた京都の「キエフ」という店が有名だ。

ロシアの料理とロシアのビールというものを一度ためしてみたい。

ときあたかも、雪が降ってきた。

ほんの少しだけれど、雪日和《ゆきびより》はロシア料理日和である。

なぜか、と訊かれると困るので、訊かれないうちに大急ぎで銀座の「バラライカ」という店に出かけて行った。

RUSSKOYE BEER
RUSSKOYE
レッテルの地は茶色・
文字は白ヌキ
イラストなし500ml

とにもかくにもビール。

「トロイカ」というビールである。

レッテルに「RUSSIAN・BEER」と書いてあって、ブルーの地に白い三頭の馬の絵が書いてある。

飲んでみると、馬のションベンどころか、鶯《うぐいす》のションベンといった味わいの、キリリとした切れ味のいいビールである。

たしかに泡はたくさん出るが、色も薄い。

ビンの底を見ると、原産国はベルギーとある。

ロシアの「トロイカ」を、ベルギーでライセンス生産しているのだそうだ。

次はピロシキ。

見た目はまぎれもない俵形のコロッケで、食べてみるとメンチカツである。中はうんと細かい挽き肉で、玉ネギもうんと細かい。

店のパンフレットには、「挽き肉や、カニ肉をブリンチキ（薄焼き皮）に包んで揚げたブリンチキピロシキです」とある。

ぼくとしては、ぜひウスターソースをかけて食べたいところであったが、そういうものは用意されていない。

ピクルス風の、キュウリの漬けものが添えてある。

ボルシチはどうか。

「牛肉と野菜をたっぷりと煮こんだウクライナの代表的スープ」で、サワークリームを混ぜこんで食べる。

ビーツ（西洋赤カブ）が入っているところが特徴だそうで、もっとドロッとしたものを予想していたが、サラッとした、あっさり味のスープだ。

ビーフシチューを薄めたような味だ。

このほか、ロシア料理の代表的なものは次のようなものだそうだ。

シャシリック（仔羊の肉と玉ネギなどを鉄串で刺した焼き鳥の親分のようなもの。ウオッカの青い焔で焼く）

ガルショーチク（牛バラ肉と野菜や洋茸を壺に入れて煮こんだ、一種のビーフシチュー）
キエフ風カツレツ（若鶏肉にバターを包みこませて揚げた、一種のチキンカツ）
すなわち、ピロシキ、ボルシチ、羊の鉄串焼き、各種の壺料理、チキンカツ、といったところが、ロシア料理の代表的なものということになるようだ。
それに、言わずもがなのキャビアや、スモークサーモンなどのオードブル（ザクースカ）のたぐい。
オードブルでとった三種の燻製、サーモン、タラ、チョウザメの、チョウザメがおいしかった。

脂があって香りがあって、さすがキャビアの親、という味がした。

ビールのほうはどうにも納得がいかず、いろいろあたった結果、大田区西馬込の「ビアハウス」という酒屋で「ロシカヤ」というPRODUCT OF USSRのビールを売っていることがわかって買いに行った。

これはたしかに〝準馬のションベン〟とでもいうべきビールだったので、心から満足することができた。

黒ビールをうんと薄めて苦みを取り去り、甘味を加え、ロシアの馬小屋の上空の空気を封じ込めた、というような味だった。

まずかったので満足した、という珍しい体験であった。


（一九九三年二月一二日）

バウムクーヘン穴疑惑

バウムクーヘンが〝わが家デビュー〟したのは、いまからおよそ四〇年ほど前のことであった。

来客の手土産として登場した。

当時のわが家の菓子状況は、日常的にはセンベイ、饅頭《まんじゅう》、カリントウ、ちょっとおごってヨウカン、モナカ、ドラヤキ、めちゃめちゃに贅沢してカステラ、ケーキといったところだった。

そこんところへ、いきなりバウムクーヘンが登場したのである。

それまで見たこともないような立派な箱にはブルーのリボンがかけてあった。

箱の中にはキラキラ輝く金色のデザインを施された大きな缶、缶のフタの内側にはクッションとしてギザギザの厚紙風のものが施してあった。

高いんだかんな、ということを、くどいほど念を押しているのであった。

エ？・バウムクーヘンて丸いの？
全体像を知らない子供たち
最近はこういう売り方が多い
■バウム（木）クーヘン（ケーキ）

客が帰ったあと、一家は、それまで見たことのない丸いケーキ状のものを取り囲んで畏《おそ》れおののくのであった。

立ちのぼるバターと砂糖の香り、卵の香り、バニラの香り（そのときはバニラとは知らず）。

センベイとカリントウの香りに慣れ親しんでいた一家にとって、これらの香りは〝高貴〟とさえうつった。

黄色い生地の中を渦巻く茶色いスジは〝優美〟に感じられた。

「こういうものを食べたりしたらバチが当たるのではないか」

と言う者さえいた。

一家は食べることを忘れて、ひ

たすらその〝丸くて美しいもの〟の鑑賞にふけるのであった。

そのうち、

「このまん中にあいている穴は何を意味するのか」

ということになった。

バウムクーヘンが日本に登場したのは、いまから八〇年ほど前だといわれている。

バウムクーヘンを知っている人は、まだほとんどいなかった時代のことだ。

バウムクーヘンはどうやって作るのか、一家は誰も知らない。

ぼくは最近テレビで知ったのだが、バウムクーヘンは心棒にケーキの生地を垂らしては回して焼き固め、また垂らしては焼き固め、そうやってだんだん太くしていく。

その一回転、一回転があの年輪状のスジになる。

実に気の長い話で、焼きあがるまでに一時間かかるそうだ。

心棒の長さは一メートル近く、焼きあがったところでそれを抜き取る。

その抜き取った穴が件《くだん》の穴なのだ。

その穴をじっと見つめている一家の胸の中に、ある共通の思いが込みあげてくるのであった。

それは〝残念〟であった。

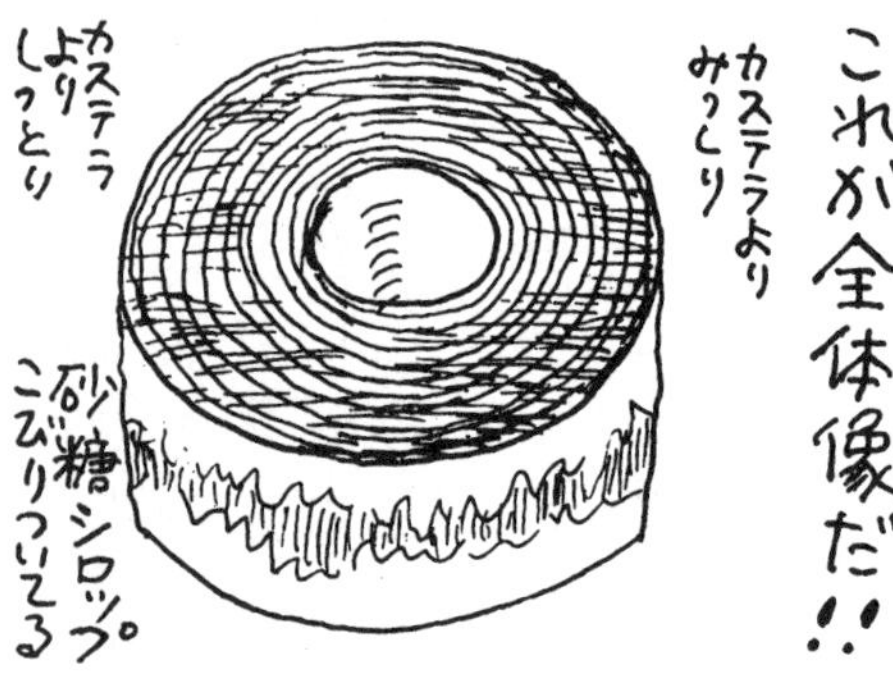
これが全体像だ!!
カステラより みっしり
カステラより しっとり
砂糖シロップ こびりついてる

もしこの穴なかりせば、の思いであった。

穴なくしてそこんところにもケーキが詰まっていたならば、の思いであった。

残念の思いは、次第に怒りに変わっていくのだった。

怒りの原因になっているのは〝ズル〟である。

「この穴はズルだ」「ズルの穴だ」。

当時、温泉地などの観光土産の〝あげ底〟問題が世間を賑わしていた。

「この穴は〝あげ穴〟だ」

「ドイツともあろうものが〝あげ穴〟をするのか」

あげ穴疑惑は、いまもってぼくの中では消えていない。

あの穴、大きすぎはしないか。

比率的に大きすぎるのではないか。

もう少し小さくできないのか。

もちろん、この提案に対して、

「なにしろバウムクーヘンを焼く機械の心棒の太さが決まっているので」

という答えをバウムクーヘン当局はするにちがいない。

まあいい。

その疑惑はあとに持ちこそう。

バウムクーヘン疑惑はまだある。

垂らしては焼き、垂らしては焼いていって年輪風のものを作っていくところにバウムクーヘンの存在価値があるのだが、その層一つ一つに味の違いはあるのだろうか。

味の違いを噛み分けつつ、みんな食べているのだろうか。
あの層の一つ一つがはがれるならば、そのはがれ感が魅力の一つになるかもしれないが、ご存知のとおり、層と層はみっしりとくっつきあっている。
つまり、あの層に対して直角に歯を入れようが、平行に入れようが、味になんら変わりはない。
ということは、垂らしていくバウムクーヘンの生地を、棒に垂らさず、たとえばケーキ型に流し込んで大きくまとめて焼いたとして、味に違いはあるのだろうか。

こういうことも考えられる。

層を重ねながら焼いていくものにだし巻き卵がある。

だし巻き卵は平地で焼いていく。

バウムクーヘンは、わざわざ空中で焼く。

どっちが難しいかは一目瞭然である。

なぜ、わざわざ難しい空中焼きを選んだのか。

これらの疑問は、すべて一つの言葉に結びつく。

それは〝ズル〟だ。

すべては〝ズル〟のためなのだ。

平地焼きではまん中に穴を作れない。

ケーキ型焼きでもまん中に穴を作れない。

〝まん中に穴〟を正当化するために、すべてが仕組まれていたのだ。

いままでの〝穴の分〟返せ。

（二〇〇一年一二月七日）

日本流オクトーバーフェストは

もう、ウキウキ、ワクワク、小躍りしながら、スキップもときどき加えながら出かけて行ったわけです。

ドイツの「オクトーバーフェスト」にならったイベントが日本各地で行われ、その一環として日比谷公園でも「東京オクトーバーフェスト」が開催されたのだ（二〇〇五年九月二一日〜二四日）。

いまから二五年ほど前、ぼくは本場ミュンヘンのオクトーバーフェストに行ったことがあって、それはもう楽しかった。

一つのテントに四〇〇〇人から六〇〇〇人！　という巨大テントが一四カ所も張られ、その混雑、喧騒、歓声、そして歌声、そしてビール、そして熱いソーセージ、その一つ一つがいまでもはっきりと甦る。

あの夢の祭典が東京で再現されるのだ。上空に赤トンボが舞う秋空の下でゴクゴ

ク飲む本場ドイツの冷たい生ビール。

あー、一刻も早く飲みたい。

この日、ぼくは朝から水分を控え、午後になると何回も風呂に入ったり出たりをくり返しノドをカラカラにして、万全の態勢を整えて出かけて行ったのだった。

日本のオクトーバーフェストはどのように執り行われるのか。

新聞の記事によると、中央の噴水の周りにびっしりとテーブルとベンチシートを並べ、その上に白い大テントを張りめぐらし、大型スクリーンとステージを入口近くに設置し、そこでは本場のオクトーバーフェストの様子を映し、ドイツの民族音楽に合わせて歌ったり踊ったりするという。

　夕方五時、有楽町の駅を降り、そこから歩いて三分ほどの日比谷公園に向かったのだが、歩いているうちにどんどん歩速が速まっていく自分を押しとどめることができない。

　ほとんど駆け足状態になっているぼくを、グリーンのゴルフシャツを着た小ぶりのおじさんが、つんのめるような勢いで追い抜いて行く。

　もしかしたらぼくと同じノドカラおじさんなのかもしれない。

　会場に着いたら、まず用意されているというレーベンブロイの生をゴクゴクし、次に本場オクトーバーフェスト公式ビールのシュパーテンとかいうのをゴクゴクしよう、と、ぼくも最終的にはつんのめるようにして公園に到着したのだが……。

　ぼくが最初に目にしたのは、デパートの催場でよく見かける「最後尾はこちら」というプラカードだった。

　そのプラカードは会場全体にあり、すなわち長蛇の行列はいくつもあり、各銘柄のビールの行列、ソーセージなどのドイツ料理の各店の行列、と、会場内は行列だらけなのであった。

　とりあえずビールの行列に並んだのだが、その行列の長さ五〇メートル、訊けば待ち時間は三〇分だという。

このときほど
おツマミが欲しいと
思ったことは
なかった
ピーナツ1粒でも
いい
塩3粒でも
いい

いいですか、こっちは朝から水分控えの、風呂に数十分入りのという、ノドカラカラ度一級資格者なのだ。

もうたとえ一分だって待てない体なのだ。ノド一帯は、干天で干上がったダムの底のように無数のヒビ割れができているのだ。

ビール欲求度一級資格者なのだ。

その資格者に三〇分待てというのだ。

ガリレオはそれでも地球は回ると言ったが、ぼくはそれでもビールを飲みたい、この文脈は論理的にヘンだが、あまりのことに頭がヘンになっているのでこれでいいのだ。

憤怒、激怒、慷慨《こうがい》、怨嗟《えんさ》、絶望、祈り、そして呆然……と、しつつも、待てよ、と、ふと思った。

ここから歩いて一分もかからないところに、生ビールを飲ませる店はいくらでもあるのだ。

そこへ行けばいますぐ、冷たーい生ビールをゴクゴクできるのだ。

うーむ、どうしよう、と迷いつつも行列は少しずつ進む。

しかしせっかくこうして並んで、少しずつだが行列は進んでいるのだから、と、迷いつつも行列は進む。

行列のすぐ脇のところには無数のテーブルが並んでいて、そこにはすでにジョッキやソーセージがズラリと並んでいて、みんなニコニコしながら旨そうにビールをゴクゴク飲んでいる。

いろんなドイツ料理のおツマミがあったのだが
ジャーマンプレート

「旨そうにゴクゴク飲むなーッ」

憤怒の人は心の中でそう叫びつつ睨みつける。

太くて熱そうなソーセージにカラシを塗っている人がいる。

「カラシなんかつけるなーッ」

絶望の人は号泣する。

こっちは憤怒と絶望と号泣の人と化しているのに、行列の人々は意外にも、談笑しながら行列を楽しんでいるようなのだ。

日本流のオクトーバーフェストを楽しんでいるら

しいのだ。

ノドカラカラ、息たえだえになったころ、ようやく生ビールのテントに到着。ジョッキ一杯五〇〇円。

「さ、さ、さんばい」

と、かすれた声で言って三杯もらう。もし足りないとまた三〇分並ばなければならない。

わななく手で三杯受け取り、数歩歩いていきなり立ったままゴクゴクゴクゴク。座席はすべて満員ですわるところはない。

数歩歩いてまたゴクゴクゴク。

ヒビ割れたノドのヒビの一つ一つに冷たいビールが沁みこんでいく。

つくづくツマミが欲しかったが、そのためにはまた三〇分かかる。

ツマミなしでジョッキ三杯を一気に飲んだのは生まれて初めての経験だった。

おかげで急速に酔いが回り、来たときと同様、つんのめるようにして帰宅の途についたのだった。


（二〇〇五年一〇月一四日）

べちゃトン・ウィンナ・シュニッツェル

トンカツはカラリ。

これはもう誰もが認めるところだ。

カラリと揚がっていてコロモサクサク。

これがトンカツの基本中の基本だ。

グルメ番組のレポーターも、トンカツ屋で一口パクリと食べると、

「カラッと揚がっていてサックサク。しっかり油が切れていてしつこくなーい」

なんてことを一〇人が一〇人言う。

トンカツのサクサクは、食べるときもそうだが、トンカツ屋がトンカツを油から引き上げていったん油を切り、それをまな板にのせて包丁で切っていくときのサクサク、サクサクというあの音、たまりませんね。

キッチンが発する音はいろいろあるが、あのサクサクに優る音はないんじゃない

カラリと揚がっていてサックサクー！
十人が十人

か、というぐらいいい音。

　よく考えてみると、包丁でトンカツを切ってるだけの、音の位としてはかなり身分の低い音なのに、どうして心地よく聞こえるのでしょうか。

　それはともかく、あれがもしですよ、油が切れてなくてべちゃっとしていて、そのべちゃっとしたトンカツをまな板の上にべちゃっと置いて、包丁でべちゃべちゃ切っていったとしたらどうなるか。

　そのべちゃっとしたトンカツにソースをべちゃべちゃかけてべちゃべちゃ食べたらどういうことになるか。

　あ、いいです、いいです、そん

なに真剣に想像しなくても。

とにかくべちゃカツ、ダメ。

サクカツ、良し。

なぜサクカツがいいかというと、コロモがトゲトゲと立っているところへ、粘着力のあるドロリとしたトンカツソースをかけると、ソースがトゲトゲの上にのっかってじかにトンカツに到達しない。

口の中でソースとトンカツが初めていっしょになって、少しずつ混然一体となるところにトンカツのおいしさがあり、サクサクのおいしさがある。

そういうわけで、もう一度確認しておくと、べちゃカツ、ダメ。サクカツ、良し。と、これで終わるなら、すべて世は事もなし、ということになるのだが、世の中というものはそんなに単純なものではありません。

べちゃカツ、良し。

あるんですね、これが。

つい先日、ドイツレストランでウィンナ・シュニッツェルというものを食べたんです。

これまでウィンナ・シュニッツェルという名前は知っていたが食べたことはなかった。

なんとなくウィンナー・ソーセージを焼くか炒めるかしたあと、シュニッッとしてツェルするらしい、というふうに思っていた。

しかしこれがまさにべちゃカツだったのです。ウィンナ・シュニッツェルの料理法はこうなっている。

基本的には仔牛の肉を薄くたたく。

厚さ約五ミリ。これにトンカツ同様溶き卵、パン粉の順でコロモをつける。

ここから先、トンカツの場合はたっぷりの油で揚げるわけだが、ウィンナ・シュニッツェルの場合は、カツの半分ぐらいの量の油で、ときどき油を上からかけ回しながら、焼くというか揚げるというか、そういう料理法になる。

トンカツとの違いはまだあって、パン粉がきわめてこまかい。

油にバターを加える。

肉そのものに味（塩味）をつける。

こうしてできあがったものはどうなるか。

油は切れてないどころかコロモにじっとりしみこむ。

パン粉がこまかいから肉にじかに到達してしみこむ。

サクサクどころか油の切れてないべちゃっとしたものが、皿の上にべちゃっとのって出てくる。

これをべちゃべちゃ食べるわけだが、困ったことにこれがおいしい。

ウィンナ・シュニッツェルは仔牛という脂身のない肉を使うので、ロースカツのような脂身のおいしさは味わえない。

その脂の代わりに油とバターを肉自身にしみこませて肉といっしょに味わう。
そういう考え方の料理のようだ。
トンカツの場合の油は、料理の〝道具〟的なものであって、料理ができあがればもう要らないから網に立てかけたりして油を切る。
ウィンナ・シュニッツェルの場合は、油自体が調味料となって肉といっしょに味わうものとなっている。

すでに肉に塩、胡椒してあるから、ソースはかけない。

トンカツの場合のつけ合わせはキャベツの千切りだが、こちらはマッシュポテト。

ナイフで切り取って食べてみると、コロモが肉に密着していて、トンカツとコロモの関係とは明らかに違う。

コロモと肉が一体化している。

ほどのよい塩味、コロモと肉にじっとりしみこんだ油とバターの味、そして、かすかにチーズの香り。

噛みしめると塩と肉と油がビールを呼ぶ。

思わずビールに手が出る。

塩と肉と油をビールで洗うとまた皿の上に手が出る。

皿の上のものはどう見てもトンカツそのものである。

だが片やサクサク、片やべちゃべちゃ。

それなのにそれぞれおいしい。

こういう店にさっきのレポーターをつれていくと、

「べちゃっと揚がっていてべっちゃべちゃ。油が切れてなくてしつこくておいしーい」


（二〇〇九年二月一三日）

感動のアイスバイン

自分でも理由はよくわからないのだが、皮つきの肉の塊を見ると興奮します。

皮つきの肉塊とは実際にはどんなものか。

ケンタッキーのフライドチキン、あの肉の塊に少しついてる皮んとこ。脂っぽくていかにも旨そうなんだよね。

あそこんとこ大好き。

焼き鳥だったら正肉とかハツとかよりも皮だけ焼いたやつ。

カリカリしてて脂がのっててこたえられないんだよね。

豚肉となると〝皮つきもの〟は極端に少なくなる。

第一、肉屋で皮つきの豚肉を売っていない。

わずかに豚足ぐらいかな、皮つきの豚肉は。

あと沖縄料理のティビチとかラフテーとか、そのぐらい。

感極まって泣く
皮おたくのＮＫ氏
ドイツビール
全域皮!!
ガワーッラウ
マッシュ
ポテト
マスタードこんなにたっぷし

豚足も大好き。

こっちの皮はカリカリではなく湿っているのだが、その湿っている皮にかじりついて、ムリムリッて剝がしていって口の中に入れると、ムチムチッとしていて、もうたまりませんね。

ティビチは、豚足を甘辛く煮たもので、この皮は豚足よりも柔らかく、これはまた嚙んでいるとうっとりしてくる。

ラフテーは皮つきの角煮。

ふつうの角煮は皮のとこがついてないが、沖縄では皮をつけたまま煮る。

あの皮つきの角煮のヌメヌメと光る皮んとこが、あー、もー、思い出しただけで、口が自然にアグアグと動いちゃいますね。

あんなにも豚の皮んとこは旨いのに、内地ではなぜ皮を取っちゃうのだろう。

取っちゃった皮んとこはどうするのだろう。

まさかどんどん捨ててるんじゃないだろうな。

もし捨ててるんだったら、いますぐ拾いに行きたい。

拾って帰ってきて、すぐ大鍋で甘辛くグズグズに煮て、すぐ食べたい。

と、いうぐらい皮おたくのこのぼくに、時こそ来たれり、わが世の春がやってきたのです。

皮肉《かわにく》の王者、アイスバイン。

これがいまブームになっているのだ。

サッカーのW杯の開催地ドイツの料理ということで、アイスバインにも世間の目が注がれ始めた。

ビアホールでもアイスバインが人気を呼び、ドイツ料理の店に本格的なアイスバインを食べに行こうという人が増えてきたという。

ぼくはいままでに何回か食べたことはあるのだが、いまひとつ記憶が曖昧《あいまい》だ。

たしか、大きな肉の塊で、全域に皮がついていて……、エート、冷製だっけ、熱い料理だっけ、というぐらいの記憶しかない。

ケンタッキーでぜひ売り出して欲しい！
皮だけフライドチキンです

ドイツ料理の本家本元、ドイツ文化会館の中にある本格ドイツ料理の店「葡萄屋」にアイスバインを食べに行った。

ここのアイスバインは二、三人前用で五二五〇円（要予約）。

待つことしばし、やってきましたアイスバインが、湯気をあげて。

ということは温製が正しいようだ。

かなりでかい。

エートですね、ビデオテープ、あのぐらい大きく、肉全体の厚みはもっとある。

大きな肉塊はわけもなく人を感動させる。

しかもその感動の肉塊が感動の皮で覆われているのだ。

ぼくの胸は激しく震動する。

骨つき肉だが店の人が食べる前に骨をはずしてくれる。

つけ合わせはマッシュポテトとザワークラウト（キャベツの酢漬け）。

マスタードが別皿でついてくる。

湯気の立つ巨大な肉塊を見つめる。

皮が、皮が、皮んとこが、テラテラ光って、それに、それに、その皮の厚さが、ンート、四ミリ！　もあって、その皮はトロトロ、ビロビロに煮てあるらしく、いまにも皮が肉からズルリとズリ落ちそうになっていて、あー、もー、こうしちゃいられない、ナイフで皮んとこを大きく切り取って口に入れれば、ビローッとしとるのにネチーッとしとって、モチーッとしとるのにヌルーッとノドの奥に消えていく。

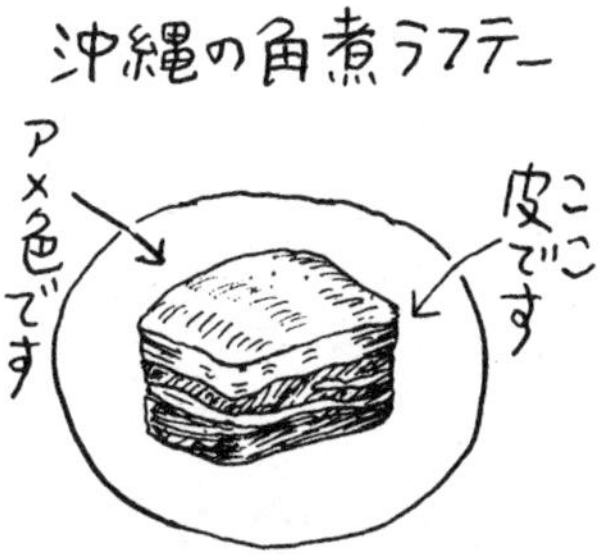

塩味である。
塩味、きっぱり。
醬油を知らない塩味の食文化の人たちが作りあげた塩の料理。
ここんとこにほんの一滴、醬油をたらしてみたいが、たぶん店の人は許してくれないだろうな、でも、ちょこっと一滴、この隅っこのとこでいいからたらしてみたいな、でも、ぼくが店の人だったらそういうことをする人を絶対に許さないだろうな、という味。

脂はほとんど抜け落ちていて脂っこい味はせず、だけどかつて脂がたしかに在籍していた味。

アイスバインは豚のヒザから足首までの骨付きすね肉を、塩水に一〇日ほど漬けこむことから料理が始まる。

漬けこんだ肉を、食べる当日、お湯で三時間ほど煮る。

そのことによって皮の下の脂身はトロトロになり塩気もある程度抜ける。

皮おたく、トロトロの豚の皮んとこを堪能。

いいですか、ビデオテープ大で厚さ四ミリの豚の皮ですよ、ビデオテープが全部トロトロの皮ですよ、ちゃんと想像してくださいよ、その皮を堪能したんですよ。

もっと感動してくれなくちゃ。

（二〇〇六年七月七日）

フォンデュの誓い

いまから二〇年ほど前、サトウサンペイさんと、スイスを二人きりで旅行したことがあった。

スイスは、絵ハガキなどで見る景色よりも、実物のほうがもっときれいな国で、ぼくはいっぺんに好きになってしまった。

二人でフォンデュというものを食べてみようということになった。

ぼくはそれまで一度だけ、スイス料理を食べたことはあったが、フォンデュは未経験だった。

当時、東京にはスイス料理の店は一、二軒しかなく、そのうちの一軒に「スイスシャレー」という店があった。

たしか、四谷の先を左に曲がったところにあったような気がする。

そこでスイス料理を食べたのだが、フォンデュには食指が動かず、別の料理を食

べたのだった。

本場のスイスでフォンデュを食べようということになって、サンペイさんとぼくはガイドブックで調べて一軒の店に入った。

もう二〇年以上も前のことなので、どんな店だったかほとんど覚えてない。たしか、スイスを左に曲ったところにあったような気がする、という程度の記憶しかない。

その店で、二人は土鍋やアルコールランプや金串をあやつり、見よう見まねでチーズフォンデュを食べたのだが、トコロガコレガマズカッタ。

二人の結論は、

「チーズフォンデュというものはきわめてまずいものである」

ということになった。

翌日、登山電車に乗ってユングフラウという山に登った。

あたり一面雪景色の登山電車の中で、

「ショージ。もう二度とチーズフォンデュを食べるのはよそうな」

「ハイ」

という会話が交わされたのだった。

これが後世にまで語りつがれることになった、ユングフラウ山上の、いわゆる「白銀の誓い」である。

ナチスのロンメル将軍をアフリカの砂漠に追いつめたパットン将軍とブラッドリー少将の「熱砂の誓い」と対比されて、男の友情を物語るものとして、人々の口から口へといまだに語りつがれている（どこで？）。

あれから二〇年。

世相うつり変わり、人々の味覚もまた変わっていった。チーズバーガー、ピザなどで、チーズは日常的な食品となった。

某月某日、ぼくは新宿の高層ビル群の一つ、野村ビルの中にいた。

京王プラザで人と会って、どこかで食事をしようということになり、なんとなく

アッ
女性がパンを取り落としたらその場の全員にキスする掟があるとか
タラー

野村ビルにやってきたのだった。なんとなく最上階まで行った。

なんという運命の皮肉であろうか。

野村ビルの最上階は「スイスシャレー」であった。四谷からここに引っ越していたのだ。

運命に逆らうことはできなかった。

その場の成りゆきで、チーズフォンデュを食べることになった。

条約というものは不変のものではない。「白銀の誓い」は、相手方になんの事前通告もなく、いきなり破棄されることになった。

「スイスシャレー」は野村ビルの最上階の四九階と五〇階をぶち抜いた造りになっている。

すなわち、本来あるべき四九階の天井がなく、そこのところが空間になっていて、見上げると五〇階の天井が見える。すなわち天井が高い。

チーズフォンデュ、三〇〇〇円。

丸い土鍋の中でチーズがフツフツと煮えており、カゴの中には二センチ角に切ったパン。

このパンを柄《え》の長い串で突きさし、チーズをたっぷりからめて食べる。

二〇年ぶりのフォンデュである。

トコロガコレガウマカッタ。

サンペイさんには申し訳ないが、二〇年も経てば人間の味覚も変化する。

餅状にモッチリと溶けたチーズが、パンの大小の気泡の一つ一つにもぐりこみ、かつ、パンに湿り気を与え、かつ温め、かつ、チーズの香りを与えている。

パンは、パリッと乾いているのがおいしいが、フレンチトーストの例をまつまでもなく、湿り気を与えたパンもまたおいしい。いわゆるグシャパン、グッチョリパンのおいしさですね。

その湿り気を与えるものが、ほかならぬ溶けたチーズであるわけだから、単に、パンにチーズをのせた味とはまた一味ちがったおいしさになる。

フォンデュというのは、本来「生肉を油に突っこんで空揚げするブールギニヨン」のことだそうだ。

作り方はこうだ。

鍋に白ワインを入れて沸かし、そこに薄く小さく切った二種類のチーズを入れる。エメンタールチーズとグリュイエルチーズだ。セメントでグリグリ、と覚えるとよい。木ベラでよくかきまわし、最後にキルシュ酒（ブランデーでもよい）で溶いたコーンスターチないしは片栗粉を入れて餅状になるまでよくかきまぜる。

もともとは「スイスの兵隊が食べるものがないときにカバンの底にあったチーズのかけらを鉄カブトで溶かして食べたもの」だそうで、要するにチーズを溶かしてパンにつけて食べればよい。

（サンペイさんに申しわけない）と思いつつフォンデュを食べながら、ふと天井を見上げて、ふと考えた。

こういうふうに二フロアをぶち抜いた場合、ヤチンのほうはどうなるのだろう。ヤチンというものは、借りた区域のすみずみにまで行きわたっているはずだ。本来あるべき四九階分の天井の、あの空間のあのあたりにもヤチンは漂っているはずだ。

あたり一面にヤチンが立ちこめている中で、フォンデュの夜は静かに更けていくのであった。

（一九九三年一二月一〇日）

ギリシャ料理を食す

ソ、ソ、ソクラテスかプラトンか、というフレーズ、もうほとんどの人が知らないかもしれないが、かつて一世を風靡《ふうび》したテレビコマーシャルだった。たしかウイスキーのCMだったと思うが、歌っているのは野坂昭如さんだった。

ソクラテスもプラトンも、共にギリシャの哲学者であることはいうまでもない。

ギリシャはまず哲学の世界で二人を世に送り出した。

初回二得点である。

だが、そのあとが続かなかった。

野球の世界では、初回に一点取って、そのあと九回まで得点がないのを「スミ一」という。

ギリシャは哲学の世界で「スミ二」ということになろうか。

ほかの分野はどうだろうか。

ヘエー！
そうなんだ
ナスの層
挽き肉の層
ジャガイモの層
ムサカ

詩の世界ではホメロスという人が得点一をあげたが、そのあとが続かずこれも「スミ一」だ。

数学はピュタゴラス、ユークリッドで「スミ二」。

絵画とか音楽とか、そっちのほうのことはくわしくないのだが、いずれにしても高得点はあげてないような気がする。

食べ物の世界はどうか。

ギリシャといえば古代文明発祥の地、古代遺跡、ギリシャ神話、というふうに、ギリシャといえば、の下にくる言葉はたくさんある。

ギリシャといえば、エート、その下にくる食べ物は、なんだろ。

イタリアといえばスパゲティ、

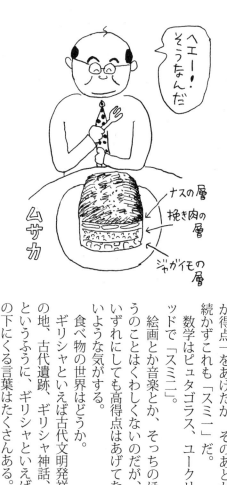

アメリカといえばハンバーガー、中国といえば北京ダックというふうに、それぞれの国にはその国を代表する〝四番バッター〟がいる。

日本でいえば「スシ」「テンプラ」「スキヤキ」「サシミ」など、四番バッターがズラリと並んでいてどこかの球団みたいだ。

ギリシャに四番バッターはいるのか。あれほど自然や気候に恵まれ、地中海を目の前にし、文明にも秀《ひい》でた国であるから四番バッターがいないわけがない。

都内にはギリシャ料理の店がほとんどなく、そのへんのところがどうなっているのか、なかなかわからない。

「エート、ムサカというのがありますね。それからドルマデス」

と、ギリシャ料理の名前を挙げたのは、本誌（『週刊朝日』）に「日本乾物紀行」を連載中のイケベ元大記者である。

イケベ元大記者は、この「あれも食いたい……」に、これまでイケベ現大記者として何回も登場している例の名物記者である。

イケベ元大記者は、三〇年ほど前にギリシャに行ったことがあり、そのときのメモ帳を見ながら説明してくれているのである。

「で、そのムサカというのは？」

ニンニクとオリーブのソースで食べる魚介類のフリッターも名物料理だという
イケルワヨ

「ナスですね。ナスをこう、あれして、ンー、こう、焼くん……じゃなくて、エー……」

なにしろ三〇年前のことなのでメモを見てもよく思い出せないらしい。

「ドルマデスというのは？」

「ンー、ブドウの葉っぱ、と書いてある。ブドウの葉っぱで、こう、巻くんですね」

「何を？」

「米だったかな、チーズなんかも関係していたように思うし、魚なんかもからんでいたような気がする」

「その葉っぱは食べられるんですか」

「いや、そのあたりのことは……」

というわけで、都内にようやく一軒見つけたギリシャ料理の店「S」に出かけていくことにした。

なにしろもうすぐアテネ五輪（二〇〇四年八月）、いま注目をあびている店だという。神宮橋の近くのコジャレた店。

「とにもかくにもムサカとドルマデスを」

「それからビールね。ギリシャのビールありますか」

「『ミソス』というのがあります」

とりあえずミソスをグイーッ。

ほとんど苦味のない清涼飲料水的なビールだ。

地中海の風に吹かれながら飲むビールはこれでなければならないのだ。

ムサカとドルマデスくる。

ムサカは、ポテトの層、挽き肉の層、ナスの層を重ね合わせてオーブンで焼いたものであった。

〝重ね焼きハンバーグ〟とでもいうべきもので、それにトマトベースのミートソースがかかっている。かすかにシナモンの香り。

塩気が薄く、これにお醤油かけたらおいしいだろうな、と言うと、イケベ元大記者も大きくうなずく。

ドルマデスは、ゴハンに挽き肉、魚を混ぜ、チャーハンのように炒めたものをブドウの葉で巻き、その上

にチーズをのせてオーブンで焼いたものであった。

松の実、レーズンなども混ざっていてブドウの葉っぱごと食べる。

ただし、「ブドウの葉は八月以降のものじゃないとダメなので、いまはピーマンで代用している」。

よくはわからないが地中海風のハーブがいくつか使われているらしく、その香りとトマトソースとオリーブオイルとニンニクとチーズとレモンと塩気、そういう〝反お醬油系〟の料理である。

巷ではギリシャワインが流行っているらしいのでそれも飲んでみることにする。

ギリシャ特産松やに風味ワインというのがあるのでそれも飲む。

飲んだあと、かすかに松やにの香りが口の中に残る。

水をそそぐと白濁するウゾも飲む。

イケベ元大記者と二人、

「ぼくたちの体はいま地中海の風でできている」

と言いながら店を出るのであった。


（二〇〇四年八月六日）

スパゲティはむずかしいぞ

自宅で食べるのは別にして、スパゲティを外で食べるとき、妙に身構えてしまうってことありませんか。

カレーライスを食べるときのように、素直にスッと食事に入っていけない。

注文したスパゲティが目の前に置かれても、一瞬、間があく。

間があいたのち、仕方なさそうにフォークを取りあげる。

フォークを取りあげたのち、少しやるせなさそうな顔をし、それからやるせなさそうにスパゲティをフォークにグルグル巻きつけ始める。

(オレ、本当は、こんな、グルグルなんかして食いたかねーんだよ)

と、いやいや顔でグルグルし、

(だけど世間の目がうるさいから、一応こんなふうにグルグルしてっけどよ)

と、いよいよもってやるせない。

フォークでガバッと大量にすくいあげ、口一杯に頬ばり、そのままズルズルッと力強くすすりこんだらどんなにおいしいか。

(だけどよ、それは世間がゆるさねーんだよな)

と、世間に反抗しているせいか、口調もだんだんすねてくる。

(こんなふうにグルグルしたって、ラチあかねーんだよ。ホラみろ、スパゲティがどんどん巻きついていって、どんどん太くなっていって、この先いったいどうなるんだ)

事実どうにもならないのだ。

大体あんなものがフォークに

巻きつくはずがないのだ。

昔のスパゲティは、柔らかくてニッチャリしていたからフォークにうまく巻きついてくれた。

アルデンテとかいうことが言われ始めてから、スパゲティは硬く、ピンピンはねるぐらいじゃないとダメということになった。

ピンピンはねるようなものがフォークに巻きつくはずがないのだ。

(まーったくもう……)

などと思いながらなおもグルグルしていくと、グルグルはさらに巨大化し、おにぎりほどにまで成長して、もはや口に入れる大きさではない。

やり直し。

おじさんと言われる人々の中には、何のためらいもなく、いきなりうどん食いを始める人もいるが、わたしはそれはできない。

(わたしはねー、こう見えてもねー、スパゲティに関してはねー、ひととおりのことを心得ている人間でねー、ちゃんとこうしてねー)

と、かつての森繁久彌の口調でもってグルグルを世間に公表したいのだ。

せっかく巻きつけたスパゲティを、やり直しのために引き抜いてほどくときほど寂しいものはない。

なぜかスプーンにうずたかく盛りあげてるおばさん

いままでの苦労はなんだったのか。

こんどは慎重を期して少量からスタートする。

三、四本からスタートしたにもかかわらず、グルグルしていくと、ああ、再びこうしてグルグルはいまも巨大化しつつある。やむをえず、グルグルの途中ではあるがそのまま持ち上げ、数本長くたれさがったまま強行突破で口に持っていく。当然、口のまわりから数本がたれさがる。

このとき、あせりますね。

このままじゃいかん、たれさがったままじゃいかん、このたれさがりを一刻も早くなんとかしなきゃならん、この姿だけは世間に見られちゃいかん。

このときあせらないような人は人間じゃない。実際にですよ、この姿のまま、店を出て通りを歩いたりしたら世間は大騒ぎになるにちがいないのだから。

そのぐらいすごい顔面状態なのだから。

解決の仕方はふたとおりある。

すすりこむか噛み切るかである。

このとき人間は恐るべき速さでこの判断をする。

ふだんグズの人でも、このときの判断だけは素早いといわれている。

たれさがりが一本ではなく、数本の場合はすすりこむほうをお勧めする。

なぜならば、前歯だけ出して、一本一本恐ろしい速さでスパゲティを噛み切っては下に落としている人間の形相というものを想像してみれば、その選択は明らかであると思う。

ペペロンチーノを
注文しておいて
具がないっ
と怒ってる
おじさん

新宿の紀伊國屋書店のビルの地下に、スタンドだけのスパゲティ専門店がある。ここはO字型のカウンターになっているので、客全員の食べ方を見ることができる。

見ていて、三つのタイプに大別できることがわかった。
①終始一貫グルグル派。つまり正統派。
②初期グル途中からなりゆきまかせ最後ズルズル派。

③ノングルうどん食い一筋派。
①は見ているとグルグルばっかりしている。食べている時間よりグルグルしている時間のほうが長い。こういう人は、食べに来たのではなく、スパゲティをグルグルしに来たと考えられる。
②が一番多い。最初だけグルグルし、こうして一応グルグルしたかんな、手続きだけは踏んだかんな、書式は整ったんだからあとは自由にさせてくれよな、というタイプである。
わたくしもこれです。
③はおじさんに多い。
ぼくが見たうどん派の最右翼は次のようなものであった。

このおじさんは、茹でたての湯気のあがったスパゲティに、フォークを箸みたいに持って、ま横に差しこみ、大量にすくい上げるとこれを高く掲げ、うどん方式で二度、三度と上げ下げし、あまつさえこれをフーフーし、力強くズルズルッと音高くすすりこんだのであった。

自信に満ちていたのがとてもよかった。


（一九九八年七月三日）

フランスパンを許す

フランスパンて、ちょっと気取ったりするところありますよね。

買うときちょっと気取っちゃったりして、小脇に小粋《こいき》にかかえちゃったりして、おコーヒーなんかもきちんと豆から挽いていれちゃったりして、小指なんか立てて飲んじゃったりしてみようかな、なんて思っちゃったりするというふうに、〝ちゃったり〟するところ、ありますよね。

フランスパンのあのデザイン、あの彫像が人を気取らせる。

食べ物というより造形物、どこかの美術館で見たことがある彫刻のような彫りの深さ、見事さ。

ああいうものを小脇にかかえると、たとえガニマタのおやじでも、いつもより歩幅がうんと長めになる。

颯爽、そういうつもりになるんでしょうね。

食パンだとこうはならない。食パンを気取って買う人はいない。

四角くて長い食パンを小脇にかかえて、颯爽、なんてつもりになる人もいない。

ぼくなんかでも、たまには、ようし、きょうはいっちょうフランスパン買ってきて食ってみるか、なんて思うことがある。

ようし、のところからすでに気取り始めている。

で、まあ、歩幅長めで帰ってくる。

で、まあ、長い包みからフランスパンを引き抜く。

そうするとですね、急にお茶

目な気分にさせられるんですね。

フランスパンは長すぎる。

いくらなんでも長すぎる。

少しふざけているところがある。

そのせいか、はじっこのところを持って振り回したくなる。

どこか殴りつけたくなる。

そこで、どこか適当な所はないかと見回すのだがなかなか見あたらず、結局、自分のおでこをエーイなんて言いながら殴りつけると、これがちょうどいい痛さ、心地よい痛さ。

しめしめ、なんて思って、エート次は、なんて思って、こんどは頬に当てて頬ずりしてみると、これがザラザラとかなり痛いんですね。

相当痛い。

ですから良い子は真似をしてはいけませんよ。

前戯が終わっていよいよ食べ始めることになるのだが、フランスパンをあの長いまま丸かじりする人はいない。

ぼくはいっぺんやってみたことがあるが、どうしても格闘ということになり、これをレストランでやったらどういうことになるか、と充分思わせる格闘になった。

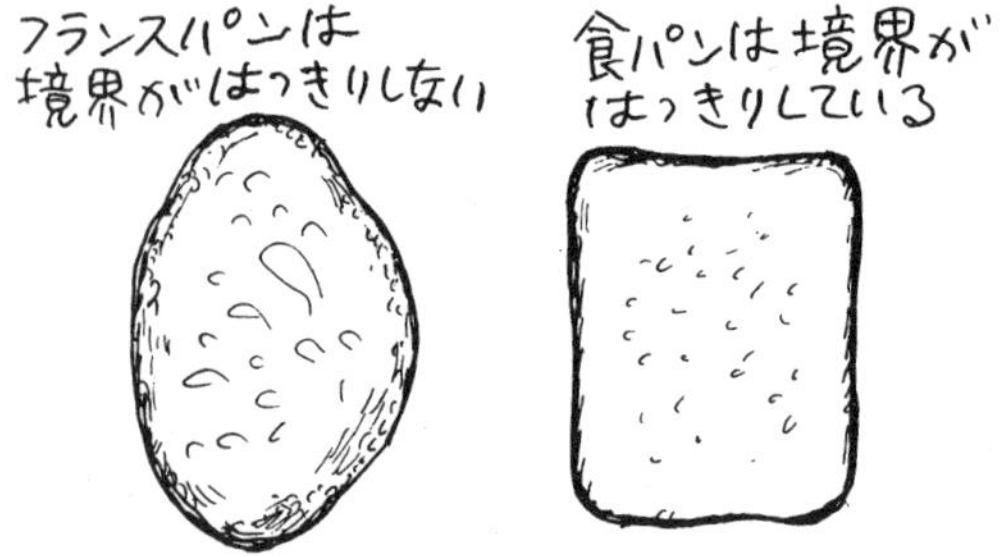
フランスパンは
境界がはっきりしない
食パンは境界が
はっきりしている

フランスパンはナイフで切って食べる。

そのナイフがどういうナイフかということでかなり気分が変わる。

フランスパンを薄汚れたマナイタにのせ、ところどころ刃の欠けた菜切り包丁でギシギシとやっていると、つくづく、

「オレって貧しいなー」

と思う。

最初気取った分、落差が大きいわけですね。

そこで、そういえば、誰かの結婚式のときの引き出物でもらったパン切りナイフがどこかにあるはずと思い出し、探し出してみると幸い少しもサビていずピカピカ光っている。

今度はそれをパンに当て、フランスパンをこうしてピカピカの専用のナイフで切るなんて、と思いながらスパスパと切れていくのを見ていると、つくづく、

「オレって豊かだなー」

と思う。

そうやってナナメに切る。

そうしてその一切れをつくづく見てみると、フランスパンは、白いパンの部分はほんの少しで、あとの大部分は皮と皮の続きと穴で構成されていることがわかる。

言い換えると、フランスパンはほとんど皮と穴だ、ということになる。

いいのかあれで。

食パンに穴はないぞ。みっしりだぞ。

食パンの皮は周辺にちょっぴりだぞ。

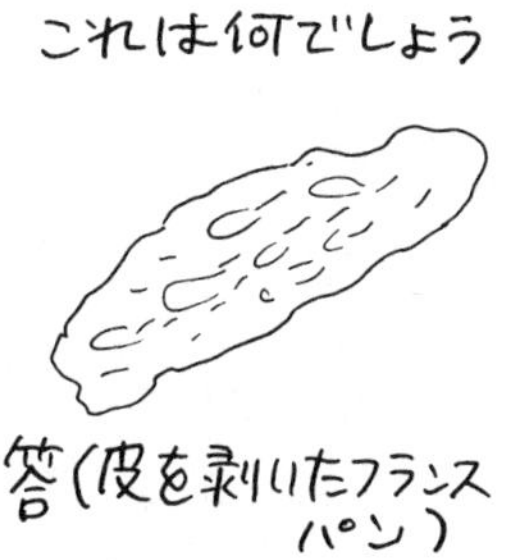
これは何でしょう
答(皮を剥いたフランスパン)

食パンの皮は耳って言うが、フランスパンのあれは耳って言えるか。

耳って言ってもいいが、耳ばっかり食わせる気か。

と、フランスパンに文句たらたらの人もいるが、この人は間違っています。

フランスパンの皮はおいしい。つくづくおいしい。

特に焼きたての皮はおいしい。パリパリとおいしい。

メリメリとおいしい。

香ばしくて、噛みごたえがあって、噛んでいるとどんどん味が変わっていって〝小麦粉のダシ〟みたいなものも出てくる。

一方、白い部分は意外なほどの水分があってモチモチと柔らかく、噛んでいるうちに少しずつパリパリの皮と混じり合ってくる。

パリパリとムチムチの融合のおいしさ、フランスパンの狙いはどうやらこれらしい。

その融合も、皮が白い部分を圧倒する融合。

つまりフランスパンは、皮を食べさせたいのだ。

皮に主眼を置いているのだ。

聞くところによると、フランスパンの中には大きく切れ目を入れて角《つの》のような部分をわざわざ作ったものまであるという。それは角によって表面積を増やしているらしい。

そうまでして皮を食べたいフランス人て、なんだか不憫《ふびん》な気さえしてきますね。

だから皮だらけのフランスパンは許す。

だけど穴だらけのフランスパンは……何とかならないかなあ。


（二〇〇七年四月六日）

エ？　サンマがフランス料理に？

ことし（二〇〇五年）はサンマが大豊漁だった。

だった、なんて書いたが、いまも大豊漁は続いているようだ。

ぼくはサンマが大好きなので、毎日サンマでもいっこうにかまわない。

朝、サンマで朝ごはんを食べ、夜、サンマでビールを飲む、というのだって大歓迎。

しかもそのサンマは塩焼きでなければならない。

昨今、サンマの刺身があちこちに出没しているが、ああしたものはとんでもない食べ方だ。

なんとなれば、ああした食べ方ではハラワタが食べられないからだ。

ハラワタはおいしい。たまらなくおいしい。

苦みを主体とした複雑で精妙な味の網羅《もうら》は、人工的に作ろうとしても絶対に作り

おサンマのおテリーヌで
おワインざますのよ

出せるものではない。

人間が絶対に作ることのできない味の調合を、サンマはいともたやすくやってのけているのだ。

ときにはドロリ、ときにはヌルリ、そしてニガニガ、レバー味あり、フォアグラ風味あり、内臓の饗宴がサンマのお腹に詰まっている。

わたくしは「サンマのハラワタ缶」の登場を切に望むものであります。

そういうわけで、サンマは塩焼きに限る。

事実、魚屋やスーパーでサンマを買って帰った人のほとんどが塩焼きで食べているはずだ。

サンマは塩焼き、という考え方は全日本人に浸透しているのだ。

人間側はこれでいい。

だがサンマ側はこういう処遇をどのように考えているのだろうか。

たとえば同じ下魚のイワシには実に多彩な調理法が用意されている。

アジもまた同様である。

天ぷら、フライ、つみれ、酢のもの、刺身、たたき、煮物、甘酢あんかけ……まだまだある。

もし、イワシやアジがハローワークに行くことになったら、これだけの職が用意されているのだ。

なのにサンマがハローワークに行くと「塩焼きだけだよ」と言われる。

サンマにだって言い分はあると思う。

どこの家庭へ行っても塩焼き、どこの店に行っても塩焼き。

ぼくがサンマだったら、焼いているおじさんと喧嘩して海に逃げこんじゃうな。

毎日、毎日、焼き網の、
上で焼かれて嫌になっちゃうな。

塩をふって焼く、という人類が発明した料理法の中で最も原始的な方法しか与え

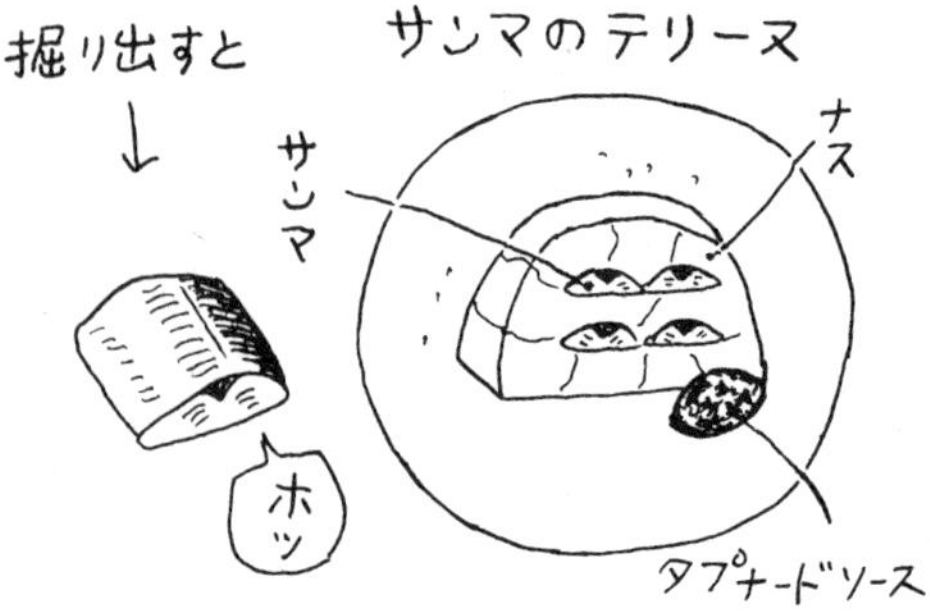

られていないのだ。

魚を田舎派と都会派に分けるとすると、ヒラメは都会派、サンマは田舎派という印象を受ける。

毎日、毎日、気ままに海の中を泳いでいたら捕まって水揚げされたところが気仙沼《けせんぬま》、というのがいけなかったのだろうか。

東京湾だったら、また別の処遇を受けることになったのだろうか。

長年勤め上げた「塩焼き」がつくづく嫌になって退職し、ハローワークに行った場合、サンマはどのような処遇を受けることになるのか。

サンマはとぼとぼとハローワークに向かったのだった。

そうしたらですね、

「フランス料理から口がかかっているんだけどどうしますか」

という話になったのである。

仰天するサンマ。たじろぐサンマ。

「わだしでも務まりますやろか」

動転のあまり吉幾三とさんまが混ざってしまったサンマ。

それからいろいろあって、サンマは本当にフランス料理の檜舞台を踏むことになるのである。

場所は大都会渋谷のビルの八階。

まるでニューヨークのペントハウスの中のような、二フロア吹き抜けの瀟洒《しょうしゃ》なフランス料理店「C」。

「塩焼き」専門だったサンマは、フランス料理のどのようなお歴々と肩を並べてメニューに載っているのだろうか。
「モンサンミッシェル産ムール貝のボンゴレパスタ」「ホウボウのカルパッチョ柚子ドレッシング」「ランド産フォアグラとイチジクのソテー」というお歴々にはさまれて、「秋刀魚と秋茄子のテリーヌ　タプナードソース」（一四七〇円）として、堂々と登場しているのだ。

サンマには醬油と決まっているのに、タプナードなどという聞いたことのないソースとやっていっているのだ。

聞けば、黒オリーブ、アンチョビ、オリーブオイルを使ったペースト状のソースだそうだ。

テリーヌということになると、サンマもナスもミンチ状態になっていて、原形をとどめていないと思いきやサンマもナスもそのままの形でナマ出演である。

サンマは三枚におろして塩焼きしてあり、ナスは焼いてから皮を剝いてある。

そのナスをテリーヌ型の中に詰め、サンマをその中心に置いて更にナスを詰めこんで形を整え蒸しあげてある。

全体はわりに和食っぽい味で、「黒オリーブ、アンチョビ、オリーブオイル」というそれぞれの味を想像していただくと全体のおおよその味が想像できると思う。

店としては、サンマの緊張を解くために、サンマを取り囲むものを洋風のものでなく、ナスという、サンマにとっては心安い仲間を選んだのだと思う。

周りを取り囲んだナスをはがしてサンマ本体を掘り出してみると、背中側が青く、お腹側が銀色の、まぎれもない顔なじみのサンマそのもので、掘り出されたサンマも、掘り出した当人も、なぜか急にホッとした表情になるのだった。

（二〇〇五年一一月一八日）

クロワッサンて、そうなんだ

おじさんはクロワッサンを快く思っていません。

これははっきりした事実です。

おじさんの当人のわたくしが言うのだから間違いありません。

ちなみに「快い」を辞書でひくと《心中にわだかまるものがない》とあります。

おじさんはクロワッサンに心中わだかまるものが一杯あります。

おじさんAはこう言ってます。

「だいたいねえ、軟弱なんだよクロワッサンは。一個を手に持ってみなさい。何だいあの軽さは。おにぎりを一個手に持ってみなさい。ずっしりしてるだろ。あのずっしりが嬉しいんだよね」

おじさんBはこう同調します。

「ほとんど空気なんだってね。中はほとんど空気でスカスカ」

クロワッサンを…
こう握ると
ギュッギュッ
これっぽっちになる
けしからん

おじさんC。

「層になってるわけ。パンの生地を平らに伸ばしてバターをはさんで何回か折り畳んで焼くから、切ってみるとわかるけど層と層の間の空気でふくらんで層だらけ」

おじさんB。

「そうなんだ」

おじさんA。

「わたしら子供のころ、おふくろにおにぎり握ってもらってよく食べたけど、おふくろがしっかりと、にっちにっちと握ってくれるんだよね。しっかり握る一握り一握りに愛情が込められていたんだよね。クロワッサン、握れるか？　握って愛情込められるか？」

「メシャメシャ。手ベタベタ」

そう、この〝手ベタベタ問題〟。

あれ何とかならないのだろうか。

たまにホテルの朝食でクロワッサンを食べることがあるが、あの〝手ベタベタ問題〟何とかなんないのーっ。

あのベタベタをなすりつけて拭くもの、クロワッサンといっしょに出せ。

クロワッサンを食べていて、背広の胸のポケットのケータイが鳴って、思わず手をそこへ突っこんで、その周辺一帯をベタベタにして取り出したら油でツルリとすべって取り落とし、タイルの床をツルツル滑っていったところに人が通りかかって踏んづけた、という経験のある人をぼくは知っているわけではありませんが、いても不思議ではない。

クロワッサンは、あれやっぱりパンだから手で持って食べるのが正しいんでしょ。

手で持ってちぎって食べるのが正しいんでしょ。

そうするとですね、クロワッサンてやつはどういうわけか素直にちぎれていかない。ちぎろうとすると必ずヘンな方向にちぎれていく。びりびりとちぎれていく。

ふつうのパンなら、ちぎろうとした方向にちぎれていくのだが、クロワッサンは

たくさん落ちるほうが上質のクロワッサンといわれております
ホント↑

「わたしはわたしの道をいく」とばかりに独自の方向にちぎれていく。

クロワッサンは、黒っぽく焦げて山になっているところと、その下の層になっているところと、底の部分のやや湿りをおびているところと、それぞれ味が違う。

今度はこの皮のところだけ薄くちぎって食べよう、そう思ってちぎり始めると勝手に中の層のほうにちぎれていき、じゃ、ま、いいや、皮と層のところをいっしょに食べればいいや、いっしょもまたおいしいんだよね、と、納得していると層のところをかすめてまた皮のほうにびりびりと戻っていく。

このびりびり感はクロワッサン独得のもので、厚めの和紙を裂いていくように裂けていく。

手でちぎらないで、口にくわえてから手で引っぱってちぎる場合なんかは、どこへどうちぎれて

いっているのかまるでわからず、手に残ったものを見つめて、

「そういうふうにちぎれていったのね」

と、事後承諾になる。

「さっき言い忘れたけど、もう一つ言っていい？」

と、さっきのおじさんAが戻ってきて、

「あのさ、ほら、クロワッサンて、あれ皮？ パラパラ落ちてくるじゃないの、クズみたいのが。あれ困るんだよねー。あれだってあの一つ一つに油がしみこんでるわけでしょ。それがズボンのヒザの上にパラパラ。あれ何とかしてもらいたいね」

とだけ言ってまた去っていく。

そこへおじさんBが戻ってきて、

「フランスでは朝食はクロワッサンとカフェオレと決まってんだってね。『朝食はしっかり』ってよく言われてるでしょ。クロワッサン、しっかりか？ あれでしっかりか？ フワフワのカサカサのメシャメシャだろーが。これだけは言っておく」

と言ってまた去っていく。

そこのところへおじさんD来る。

いかにも紳士然とした人で、もしかしたらフランス帰りかもしれない。

「クロワッサンの良さは、あのビリビリと裂けていく感触、あれを楽しむものなのです。面白いじゃないですか、どこに裂けていくのか見守るのも」

どうも擁護派らしい。

「実にうまいこと考えたなあ、と、わたしなんか思うわけです、こういう形でパン生地にバターをひそませるというのは。パンにバターを塗った味、ではなく、パン生地にバターを混ぜた味、でもない。ひそませた味なんですね。生地と生地の間にひそませた味。クロワッサンを噛みしめると、ちょっとキシキシした感じで層がきしんで、層の間にひそんでいたバターがにじみ出てくる。ふつうのパンが〝網の構造〟ならクロワッサンは層の構造なのです」

ふーん、そうなんだ。


(二〇〇四年一月二・九日)

フラメンコの夜

食事は静かな環境で食べるのがいちばんだ。静かな場所で、ゆっくり落ちついて、料理の一つ一つを穏やかな気持ちで味わう。

大抵のレストランは、そういう雰囲気を心がけている。

周りの人も、あまり大声は立てず、ひっそりと食事をしている。

ときとして、食器のふれ合う小さな音。ときとして、小さな笑い声。隣のテーブルからは、聞こえるような、聞こえないようなひそひそした会話。

食事のときの隣人は、とにもかくにも静かな人であって欲しい。

大声で騒ぐ人であって欲しくない。

自分のテーブルの隣で、突然、大声をあげて騒ぐ人がいたらどうなるか。

とても食事どころではなくなるにちがいない。

自分のテーブルの隣で泣き叫ぶ人、というのも困る。

舞い狂う人、というのも困る。

怒り狂う人、も困る。

なじるように詰め寄ってくる人、も困る。

床を激しく踏み鳴らす人、も困る。

自分が食事をしている隣でこういうことが始まったら、とにもかくにも食事を中断してボーイを呼ぶか、あるいは自ら、

「みなさん。とりあえず落ちつきましょう。大人になりましょう。大人の話をしようじゃありませんか」

と、仲裁に入ることにならざるをえない。

さて、こちらは、新宿にあるスペイン料理店「エル・フラメンコ」です。

フラメンコという踊りはご存知ですね。激しく手拍子を打ちながら、激しく腰をくねらせ、激しく体をクルクルと回転させて激しく相手をキッと睨《にら》む。激しく相手を指さし、激しく詰め寄って行ったかと思うと、急に立ちどまり、激しくもだえて激しく泣きくずれる。

激しくない部分が一つもない激しい踊りだ。

「エル・フラメンコ」は、このフラメンコを鑑賞しながらスペイン料理を味わうという、ショータイムつきのレストランだ。

ショータイムは七時からだが、六時半ぐらいには客席はほぼ満員になる。

メニューを見ると珍しい料理が多い。

チリンドロン（二二〇〇円）というのがある。珍しい名前なので注文してみると、若鶏の洋酒蒸しだった。トマトソースの味つけになっている。

カジョスというのは牛ミノの料理で、〝ビーフシチューのビーフを牛ミノに置き換えた〟というような料理だ。

トルティージャがスペイン風オムレツで、アングラスが鰻《うなぎ》の稚魚のオリーブオイル炒《いた》めだ。

トルティージャは、わりに大きめのジャガイモがゴロゴロ入っているオムレツで、味つけはさっぱりしている。

どちらかというと
フラメンコ
よりも
わたしら
芸者の
手踊りの
ほうが・・・

鰻の稚魚は白くて細くて、〃うんと細めのモヤシ〃といった感じだ。

これは以前にも、いろんな店で何回か食べたが、何回食べてもピンとこない料理だ。

鰻の稚魚は、成魚の味と全く違う味で白魚に近い。鉄鍋の中の煮えたぎったオリーブオイルの中に、白い稚魚が一〇〇匹ほど浮いていて、これを竹のフォークで一〇匹ほどずつすくって食べるのだが、ほとんど味がなく、すくって食べては「?」、すくって食べては「?」と、「?」を一〇回くり返して食べ終わることになる。

といったような料理を、心静かに味わっていると、あたりが急に暗くなった。いよいよフラメンコが始まるのだ。

男女四名ずつ、総勢八名の異国の人々が現れて、一二畳ほどの舞台の奥に一列にすわった。

この店のかぶりつきのテーブルは舞台に接して

いる。ぼくは左側のかぶりつきの席にすわっていた。

ぼくがトルティージャのジャガイモを口に入れたとき、急に激しい手拍子が起こり、ギターが狂ったように掻き鳴らされ、激しい歌声と共に一人の男のダンサーが立ちあがり、激しくぼくのほうを指さしながら、激しい足踏みの音と共に詰め寄ってきたのである。

ギョッとなったぼくは、思わず立ちあがって皿を持って逃げようと思った。

彼は何事かを激しく訴えているようなのだが、スペイン語なので何一つわからない。

だから身ぶりとか、表情などで想像するよりほかはないのだが、そっちから想像すると、とにかく〝大変なことになった〟ということはよくわかる。ただならぬ事態、憂慮すべき騒動が起こったということはまちがいないようだ。

ぼくはとりあえずボーイを呼んで、この騒動をとり押さえてもらおうと思った。だがボーイは、「オーレイ」などというかけ声をかけて、かえって騒動をあおっているようなのだ。

こうなったら仕方がない。

自ら舞台にあがって行って、

「みなさん。とりあえず落ちつきましょう。大人になりましょう。大人の話をしようじゃありませんか」

と言うよりほかはあるまい。

と思ったのだが、周りの客はきわめて冷静であった。

ぼくと反対側のかぶりつきに陣取った、実直そうな中年サラリーマンの一団は、特に冷静だった。

スペイン人独得の険しい顔つきのダンサーが、残る七人の激しいギターの音と、激しい手拍子と激しい絶叫と共に、何事か激しく訴えながら、髪ふり乱して詰め寄って行っても、実直の表情を少しもくずすことなく、

「ああ、そうですか」

「はあ、そんなものですかね」

というふうに、実直そうにうなずくのであった。


（一九九五年一月六・一三日）

パエリヤ旨いか

日本人はパエリヤを、

「どうもいかがわしい奴」

とか、

「インチキくさい奴」

と思っているところがあるような気がする。

日本人はごはん物に関しては大変な自信を持っている。

米を上手に炊いて食べる技術は日本人が世界一、という自負がある。

「お米というものはだにィ、まずは研《と》ぐ、ギュッギュッと手の平で押して研ぐだにィ、そしてしばらく水につけて水を吸わせてだにィ、初めチョロチョロ中パッパで炊くだにィ、赤子泣くともフタ取るなだにィ」

と、田舎の母は嫁に「だにィの法則」を教える。この「だにィの法則」は、電気

ごはんの中に貝殻が入っているのが気に入らん
ゴミためみたいにみえるじゃないか
と何かとイチャモンをつける

釜の時代になっても日本人の心にしみわたっている。

日本人はもともとパエリヤに親近感を持っている。なぜかというと米料理だからである。

日本の食糧の根幹である米、その米の料理、すなわちごはん物。

そしてその米に配するものが魚介類。海の民日本人が愛好してやまないイカ、タコ、海老、貝、魚……。

「日本の釜飯に似てるだにィ」

と「だにィの母」も好感を持っている。

テレビなどの海外食べ歩き番組などで、パエリヤを作っている光景が映し出される。

「だにィの母」に限らず、日本人全体が、

「なんたってこっちは米に関しては本家なんだかんな」

という優越の意識でその番組を見守る。

パエリヤはスペインの名物家庭料理である。スペインの母が我が家流のパエリヤを作っている。

平べったいパエリヤ専用の鉄鍋にスープが煮たっている。

そこのところへ、いきなり袋から米をザーッとあける。

ここのところで大抵の日本人が、

「アアーッ」

と声をあげる。

「なんてことをするんだ」

と怒る。

「日本人をバカにすんのか」

と飛躍する人までいる。

生米を研ぎもせずにいきなり煮る、というやり方はどう考えても納得できない。

ここのところで大抵の日本人がパエリヤを見放す。

「ダメだ、こりゃ」

おこげのとこを
へずって食べると
ここもまた
おいしいのよネ

と思う。

「だにィの母」ならずとも〝嫁の実家のやり方が気にくわない姑の心境〟になる。

ところが、一度は見放しても、やはり〝米と魚介類の魅力〟に日本人は抗しがたい。おそるおそる、という感じでパエリヤに近寄っていく。

「一度は食ってみたいものだにィ」

と誰もが思う。

そうして一度、食べてみることになる。

二度食べてみた、という人は非常に少ない。

一度食べてみたという人に感想を訊くと、

「……、うん、……、まあ……」

と言葉を濁す。

大抵の人が〝米に芯がある〟というところにひっかかる。

「パエリヤのごはんには芯がある」

ということは知っていて食べるのだが、それでもどうしても不満が残る。

特におとうさん達に不満が残る。

「ごはんというものはやっぱりこう、ふっくらとね、ほかほかとね、一粒一粒が立っていてほしいものだにィ」

と「だにィの父」は嘆く。

なにしろ大抵の人が、パエリヤは〝生涯に一度の人〟だから、これが本物のパエリヤだ、正しいパエリヤだ、というものを知らない。

パエリヤとはこういうものだ、と核心に触れられぬまま食べ終え、なんだかいかがわしい奴だ、という思いだけが残る。

ぼくはどういうわけかおいしいパエリヤに当たるらしく、これまで三軒ほど行ったスペイン料理店のパエリヤはみんなおいしく、スペインに行ったとき食べたパエリヤもおいしかった。

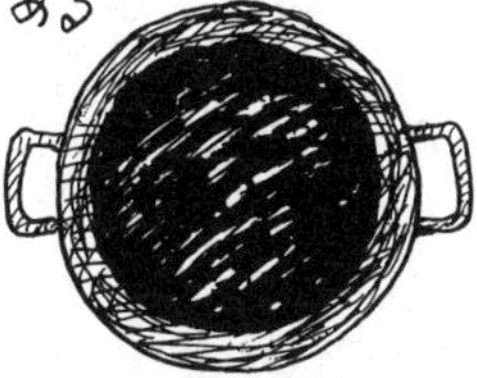

パエリヤは、ごはん物の一種だと思うとおいしくなく、ごはん物じゃないと思うとたんにおいしくなる。

パエリヤは、〝洋風炊きこみごはん〟として紹介されることがあるが、決して〝炊いた〟ものではない。

いきなりお米を〝煮た〟ものだ。

いきなりお米を、ムール貝やイカやタコのダシのようくしみ出たスープで煮るがゆえに、スープの味がよーく米にしみこむ。

日本の炊き方だと、水分がすでによーく米の中に含まれているので、ダシの味をなかなか吸いこまない。

この〝海鮮のダシがよーくしみこんだ米〟を味わう料理がパエリヤだと思う。

と、いくらパエリヤの魅力を説いても、「だにィの母」に育てられた「だにィの父」は、

「やっぱりごはんはふっくらだにィ」

と納得しない。

デパートに行くとパエリヤ専用の鍋を売っている。

日本の鍋という鍋には必ずフタがついている。

だがパエリヤの鍋にはフタがない。

フタを使わない料理なのだ。

「スペインでは、パエリヤを作っているときに赤子が泣いたらどうするつもりだにィ」

と、「だにィの母」はまたしても嫁の実家のやり方が気に入らない。

（二〇〇三年一〇月一〇日）

フィッシュ・アンド・チップス？

フィッシュ・アンド・チップスはぼくの憧れであった。

どういう憧れかというと、

「食ってみたい」

という憧れであった。

フィッシュ・アンド・チップスとは何か。

要するに白身魚のフライにフライドポテトを添えたものだ。白身魚はタラが用いられることが多いので、とりあえず「タラの切り身のフライにフライドポテト」と覚えておいてください。

「なーんだ、そんなもの、定食屋のメニューにいくらでもあるんじゃないの」

と思う人もいると思うが、これが意外にないんですね。定食屋にはアジのフライはあるが白身魚のフライはまずない。

発祥地はイギリス。

イギリスのパブの定番メニューだという。

あるいは街中の露店のようなところで、新聞紙にくるんでもらって、歩きながら食べたりする気のおけない食べ物でもあるという。

イギリスのパブというと、映画などで見ただけだが、ちょっと薄暗くて、重厚な木製のカウンター、煉瓦の壁、ランプ風の照明、といった店の中で、ジョッキの生ビールを立ったままチビチビ飲みながら、ワイワイ、ガヤガヤ、和気ワイワイとやるとこ、という印象がある。

そういうとこでフィッシュ・ア

ンド・チップス。

うーむ、いいだろうなあ、と、ずうっと憧れていたのだ。

タラのフライにフライドポテト、これ以上ビールに合うものはあるまい。

週刊誌をパラパラめくっていたら、日本にもそういう店があるという。

意外にも、ＪＲの新宿駅の中央口を出たところにある新宿ライオン会館の二階にあるという。

このビルなら、これまで何回も生ビールを飲んだことがあるのだが、二階の「ダブリナーズアイリッシュパブ」には気がつかなかった。気がついていたのかもしれないが、ビアホールらしくない外観に、入るのをためらわせるものがあったのかもしれない。

このパブにはもちろんフィッシュ・アンド・チップスはあるが、ギネスの樽生も売り物だという。

バーテンが、心をこめて、実にもうゆっくりジョッキについでいくので、その泡は、クリーミーを通りこしてクリームそのものなのだそうだ。

だが問題が一つある。イギリス人は冷たいビールを好まず、ぬるめをゆっくり時間をかけて飲むといわれている。ところがぼくは、人一倍冷たいビールを好む。

ぬるいビールなら飲まないほうがいい、というくらい冷たいのを好む。

キャッシュ・オン・デリバリーのため、バス車掌風カバンを携行するウェイトレス

「ダブリナーズ……」は、一〇〇人はラクに入るという大ビアホールだった。

夜の七時、店内は客でもうぎっしり。外国人の含有率が高い。

カウンターの中にはアイルランド人らしいバーテンの姿も見える。

フィッシュ・アンド・チップス（長いので以下F&Cと記す）とギネス樽生を注文。

ギネスは一パイント八五〇円。なんだかよくわからないが、このパイントというのがいい。気分が出る。

F&Cは七五〇円。

支払いは、キャッシュ・オン・デリバリーとかいう方式で、翻訳すると、注文品到着時金寄こせ方式。このCOD方式もなんだかかっこいい。日本の牛丼屋方式、立ち食いそば屋方式にちょっと似ているが、あれは注文品到着前金寄こせ方式。

ギネス樽生到着。

もしこれがぬるかったらどうしよう。

あのバーテンの首をとりあえずしめて、そのあと死んじゃおうかしら。

ギネス心中、ですね。

ギネス樽生は幸いにも冷たかった。

たしかに泡はネットリ。泡のまん中に楊子を刺しても、倒れず、沈まず。

いつも飲んでいるビンのギネスとちがって、まるでコーヒーそのもののような味。かなりの苦味。チクチクではなくスルスルとノドを通過する。

F&C到着。

見た目にはやや薄めのトンカツ。かなり大きく、葉書よりやや小さめのやつが二枚。フライドポテトも大量。湯気があがっていて、うーむ、いかにもウマそうだ。

F&C
モルトビネガーをかけて食べるものらしい
HEINZ
MALT

コロモ硬め、厚め、トゲトゲ、パリパリ。中身はやはりタラ。タラにかすかな塩味。硬めの皮と厚めのタラの切り身が実によく合う。日本のビアホールでも、ぜひこのF&Cを（やはりF&Cでは気分が出ないので以下フィッシュ・アンド・チップスに戻す）メニューに加えて欲しい。

八時。客、どんどん入ってくる。

立って飲む人専用のテーブルも満席となり、流浪の民状態の人もいる。外国人の客は、中がすわれない状態なのを承知で入ってきて、立ったまま飲むのが当然という態度で飲み始める。

日本人はとりあえずどこかに空席はないか、と、あちこち探す。すわることに意地きたない。

外国人は、すわることに意地きたないところがない。足が長いと立っているのがラクなのだろうか。

注文品到着時金寄こせ方式だと、いざ帰るとき、何杯飲んだのかがわからない。たくさん飲んで、たくさん食べて、たくさん払ったのに、いざ帰るとき、店側はそういう客だということがわからない。たくさん払ったのに、と、なんだかくやしい。

さっき、せっかくフィッシュ・アンド・チップスをF&Cと略さず、ということにしたのに、その機会がなかったことをおわびします。

（一九九八年八月一四日）

サンドイッチ講釈

最近、サンドイッチの世界の風俗が乱れているようなので、一言、苦言を呈しておきたい。

ご承知のように、サンドイッチは、イギリスのサンドイッチ伯爵が考案したものだ。

賭け事大好き人間の伯爵が、カードゲームをしながら食べられる食事として開発したものだと言われている。

片手にカード、片手にサンドイッチ、こうしてサンちゃんは、昼となく夜となく賭け事ばかりやっていたのだそうだ。

サンドイッチの基本はチートイツである。

麻雀で言うところのチートイツ。通称ニコニコ。

二個のパンの間に、ハムやチーズや卵などの具がはさまれてワンセットになって

いる。

だからこそ、サンちゃんは、ゲームをしながら、手さぐりでも、はじからワンセットのサンドイッチをつかみ出すことができたわけだ。

〝ニコニコチートイツ食い〟、これがサンドイッチの食べ方の基本だ。

ところが最近、三個ワンセットものが出まわってきたのである。

最初ぼくは、この仕組みがわからず、二個ワンセットをまず食べ、それから片側のみ具つきの一枚を食べ、釈然とせず、空をあおいで嘆息したりしていた。最近になって、ある日、目からウロコが落ちるようにして、三枚でワンセットだということがわかった。

この形式のものは、ズラリと並んでいるサンドイッチのハジから「エト、エト、ここまでが三枚だからここまでだナ」といちいち数えて取り出さなければならない。

〝ニコニコチートイツ食い〟の伝統が破られ、〝エトエト数え食い〟をしなければならない時代になったのだ。

世の中が複雑化してきて、毎日毎日、エト、エトと考えなければならないことはたくさんある。

せめてサンドイッチの世界ぐらいは、いちいち、エト、エトと考えずにすむ世界でありたい。

三枚一組化現象と共に、小型化現象も顕著である。

切手二枚分の大きさのものさえある。

これなんかは、見た目も貧しいし、食べてつまらない。

サンドイッチの魅力は、切断面の魅力であって、ここのところをじっくり鑑賞しながら食べるところにそのおいしさがある。

卵の黄色、トマトの赤、ハムの肌色、野菜の緑、チーズのオレンジ、それぞれの色がパンの白さの中で横一線に並んでいる。

中でも圧巻なのは、カツサンドの断面である。

カツサンドは、ひ弱、柔弱タイプの多いサンドイッチの中で、ただ一人、雄々しく、力強く、茶色く、厚く、堂々の気配を示している。

カツサンドの切断面なら、ぼくは、まあ、一分ぐらいはじっくりと鑑賞していられる自信がある。

ハムカツサンドのほうは、少し落ちて、まあ、三〇秒ほどだろうか。

パンとコロモと肉の切り口が、こんなにも素晴らしいものであったかと、つくづ

く思わずにはいられない。

切手二枚分のサンドイッチだと、一口で口に放りこんでしまうから、切り口の鑑賞ができない。

じっくり鑑賞してから口に放りこめばよいではないか、と言うかもしれないが、そういうものではないのだ。

一口分を噛《か》み切ってそれを賞味しつつ、手に持ったサンドイッチの切断面を鑑賞するという、同時進行性にこそ価値があるわけなのだ。

食べ物というものは、大体において、上方から見てその姿、形を鑑賞するものである。

懐石料理などの盛りつけも、上

方から見てどうか、ということで形を決める。

ま横から見て、「側面の構成がいまいちですな」などと言う人はまずいない。

サンドイッチだけは例外だ。

ま上、上空から見たサンドイッチは、ただの白いパンだ。

どんなにうず高く、何種類もの具が内包されていても、上空から見ればただの白いパンだ。

上空と言うほど、そんなに高いところから見なくてもいいわけだが、とにかく上から見ればただの白いパンだ。

そこでサンドイッチは、側面を上に向ける。

本来は側面なのだが、そんなことを言っているわけにはいかないのだ。

ミックスサンドワンパック（六〇〇円）などという場合は、それぞれの具がそれぞれにその内容物を、側面から開示し、呈示し、誇示することになる。

ツナとかサラダとか、ハムとか卵とかチーズとかが、わずかな切断面を上に向けて露呈されているわけだ。

その中に、カツサンドが一組あるとないのとの差は実に大きい。

カツサンドがあるとしみじみうれしく、「ソーカ、カツサンドいてくれたか。ソーカ、ソーカ」とうなずき、ひとしきりうなずいたあと、また、「ソーカ、ソーカ」

とうなずき、しばらくは〝ゾーカのひととき〟を過ごすことになる。

「ぼくの場合は、どうしても力んじゃうんですよね」

と言う人もいる。

ミックスサンドの中に、一組のカツサンドを発見すると、どうしても「ウム」と力んじゃうというのである。

「ウム」と力み、しばらくしてまた「ウム、ウム」と力み、この人は、しばらく〝ウムのひととき〟を過ごすことになる。

サンドイッチは大きさが大切だ。

一番多いのは、切手四枚横一列短冊タイプである。

これだと二口で食べることになる。

切手二枚タイプよりはましだが、これでも重量感にとぼしい。

持って軽すぎ、フワフワしていて頼りない。

ぼくの好きなのは、駅の売店などで売っている三角サンドである。

手にもって十分の手応えがあり、つかみ応えがある。

この三角サンドの、直角ではなく鋭角のところが特に好きだ。

三角サンドの直角のところを手に持ち、思いきり大口をあけて鋭角のところをパクリとやる。

このときしみじみ幸せを感じる。

両側の鋭角をパクリとやったあとは、急になんだかつまらなくなり、急に、余生、なんて言葉が浮かんできたりする。

そうして、心はすでに、もう一個の三角サンドの、二つの鋭角に向かっている、と、こういうわけなのです。

（一九九〇年一一月一六日）

ローストビーフの屈辱

ローストビーフにはどうもなんだか近寄りがたい。

恐れおののくようなところがある。

と同時になんだか有り難い。

その存在自体に有り難みがある。

あの大きな肉のカタマリを見ると、思わず手を合わせて拝みたくなるような威光を感じる。と同時に、あのカタマリと関わりを持ちたいと思う。

お近づきになりたいと思う。

われわれは、ローストビーフにお目にかかることはめったにない。

「きょうはローストビーフで一杯やっか」

なんていうおとっつぁんもめったにいない。ローストビーフにお目にかかるのは結婚式か立食パーティのいずれかだ。

結婚式に出てくるローストビーフはどういうわけか、あとで思い出しても、おいしかったんだか、おいしくなかったんだかよくわからない、というものが多い。

ステーキだったら、隣の客に、
「ウン、このステーキはあんまりいいお肉を使ってませんわね」
「味がいまいちですな」
なんて気安く論評できるのだが、ローストビーフとなると急に沈黙する。ふだん食べつけてないから、どう評価していいかわからない。

それに、結婚式のローストビーフは、各自に一枚ずつ支給されていて、自分で獲得してきたものではないから有り難みが少ない。

したがって、評価にいまいち力が入らず、あとで旨かったんだかまずかったんだかわからないという結果

切ったほうじゃなく
カタマリのほうを
持って逃げる人
パーティ
会場

になるのかもしれない。

その点が、立食パーティのときと大いに違う。立食パーティのときは自分で獲得してこないと食べられない。

もともと近寄りがたいものに、近寄って行かなければならない。

向こうもなんだか近寄ってくるなよ、来ちゃいけないよ、と言ってるような気がする。それを承知で近寄って行く。無理やり近寄って行く。どうしても態度がぎこちなくなる。

立食パーティでは、他の食べ物は各自が皿に取ってよいシステムになっているが、ローストビーフは違う。

ローストビーフ専用の係がいて、切り分けてくれるシステムになっている。そして、そこのところだけ別格というしつらえになっている。

金ピカの車輪に金ピカの蔦《つた》のようなとってのついた物々しいワゴンの上に、大きくて物々しいマナ板が置いてあって、その上に大きなお肉様が恭しく載せられている。

　そのうしろに、白くて丈の高い帽子をかぶったコックが、肉の家来のように立っている。

　大抵お腹が出ていて恰幅がよく、多分、偉くはない人だが、一番偉そうに見えるコックを配置してあるにちがいない。

　そういう物々しい仕掛けで、近寄りがたい雰囲気を作っているのだ。

　来るなよ、ここにはなるべく来るなよ、と言っているわけだ。ところがどの立食パーティでも、ローストビーフの前には人が群がっている。

　長い行列ができている。

　手に手に皿を持った人々が、難民キャンプの食料支給時のように並んでいる。

　そういう長い行列を前にして、恰幅コックがゆっくりゆっくりローストビーフを切り分けている。あれはわざとゆっくり切っているのではないか。どうもそんな気がする。

　あんなものは、あらかじめたくさん切って並べておけばいいではないか。

「あのね、お客さん。ローストビーフというものは、切っておくと切り口が乾いて味が落ちてしまうの。手前どもとしては切りたてのおいしいところを食べていただきたい。それでこうして、面倒でも一枚一枚、お客様の前で丁寧に切り分けている

一度こんなに厚いの食べてみたい
でもまずいな。タブン

わけです」

とホテル側はいうかもしれない。

ウソ、こくなー。

こうして大勢の人が皿を手にして並んでいるわけだろーが。切り口が乾くヒマがあるわけねーだろーが。

あ、いかん。急に口調が下品になってしまった。

それもこれも、これまでどれだけわれわれがローストビーフに苦しめられてきたか、屈辱を受けてきたか、その民衆の怒りがいまこうして爆発したせいなのだ。

それにしても行列は進まない。

あの恰幅ヤローが、わざとゆっくりゆっくり切っているせいなのだ。

こういう時だ。

「オヤ、並んでますね」

と知り合いが通りかかるのは。

この姿だけは、知っている人に見られたくなかった。

それもこれも、あの恰幅ヤローがわざとゆっくり切っているせいなのだ。

あ、やっと自分の番になった。

わたくしは屈辱にまみれながら皿を差し出す。

恰幅ヤローは、アゴでしゃくってその皿をテーブルの上に置けと言う。

そうしてこっちをチラリと見る。

「来ちゃったのォ?」

目がそう言っている。

「来ちゃったんです」

わたくしはうつむく。

「来ちゃったんじゃしょうがねーなー」

恰幅は、これまで習得したあらんかぎりの技術を〝薄さ〟という一点に集約させて切り落とす。

その二枚を皿に載せて差し出しながらわたくしの目を見る。

「そんなに欲しいの?」

つい先日、デパートのローストビーフの値段を見たら、一〇〇グラム一五〇〇円という値段だった。厚さ二ミリ、トンカツ大のものたった一枚が約六〇〇円。

「うん、欲しいの」


(一九九九年七月二三日)

英国風午後の紅茶体験

もう、おじさんは大テレ。テレまくり。

柄にもなく、銀座のデパートのティールームというところへ恐る恐る入って行って紅茶をたのんだら、いやや、もう大変なことになった。大変な大仕掛けがテーブルの上にやってきたのだ。

ふつう、喫茶店などで紅茶をたのむと、やってくるのは紅茶の入ったカップと、ミルクかレモンのどっちか、それにシュガーポットといったところでしょう。

ところがこのときわがテーブル上に押し寄せてきたものを列挙すると、
①紅茶の入ったポット②熱湯の入ったポット③ティーカップ④ミルクの入ったポット⑤茶漉《こ》しセット⑥シュガーポット、そして、驚いてはいけませんよ、次が⑦砂時計。
「オレ、砂時計たのんでないんだけど」

と砂時計
大やぐらに
狼狽する
英国帰り??
の紳士

と言ってもダメ、テーブルの上に置いてってしまう。

そしてとどめの大仕掛けが、お皿が三階建てになっている大やぐら。

そうです、大相撲のとき、てっぺんでやぐら太鼓をたたく大やぐら、あの大やぐらがわがテーブルの上に押し寄せてきたのです。

ケーキスタンドつきの紅茶（一八〇〇円）を注文したのだから、ある程度の規模のものが来襲することはわかっていたのだが、こんな大仕掛けとは思わなかった。

高さ五〇センチ近い大やぐらの一番上は、パウンドケーキとフルーツが載った皿、二番目がスコーンとかいうパンとケーキとクッキーの中間のようなお菓子、そして一番下がサンドイッチ。

まさに大名行列。紅茶一杯にこれだけのお供がついてきたのだ。

店内を見回してみると、男性客はぼくのほかはただ一人、あとはおばさんばかりが三〇名ほど。そして大やぐらは、ぼくのほかは店内にただ一基。

すなわち目立つ。すなわち大テレ。

さあ、この大名行列をどう扱ったらよいのか。

店員の若いおねえさんは、このおじさんは狼狽しているな、と、見てとったらしく、

「こちらが紅茶の入ったポット。こちらのポットがお湯。こちらの砂時計が全部落ちましたら紅茶が飲みごろですので、こちらのストレイナーで漉してお召しあがりください」

と一つ一つ説明してくださる。

このとき砂時計の砂はちょうど半分。

やがて砂全部落ちる。

これだけ丁寧に説明されたのに、いざとなると、大仕掛けを前にして、

「ど、ど、どうすればいーのかな。やっぱり」

と、かつての山下清画伯風にとまどい、

「ミ、ミ、ミルクは、先にカップに入れとくのかな。やっぱり」

と迷う。

なにしろこのおじさんは、〝紅茶といえばティーバッグ〟で育った世代だ。

スコーンでなにか
駄じゃれを言いたい
のだがなかなか
うかばないおじさん
スコーン
スコーン
スコーン
スコーン

　カップに日東のティーバッグを入れ、ヒモをカップの外にたらし、お湯をそそぎ、ようく振り、さらにスプーンの背でバッグをおっちめ（栃木の方言で「押しつける」）、紅茶成分の更なる滲出をうながし、次に砂糖を入れてようくかんまし（同「かきまわす」）、最後にレモンの薄片を入れ、これまたスプーンの背でおっちめて同成分の滲出をうながす、というのが紅茶を飲むときの心得だった。

紅茶というと〝おっちめるもの〟という印象が強いおじさんなのである。

　このおっちめおじさんが、本格的英国式アフタヌーンティーの本場であるデパートのティールームに攻め入ったのである。

しかし、このおっちめおじさんにもそれなりの見栄があり、店に入っていくときは、〝ロンドン滞在中にアフタヌーンティーの習慣が身についてしまったので、こうしてアフタヌーンティータイムの午後三時半ごろになるとついやってきてしまう紳士〟という身のこなしだったのだ。なのに店の若いおねえさんに見破られて、一つ一つ丁寧に説明されてしまったのだ。

まずカップにミルクを入れる。ミルクが先、というのを何かで読んだ記憶がある。そこへポットの紅茶をそぐ。ちょっとそそいで、そうだ、茶漉しで漉すんだっけ、と、あわてて茶漉しをセットする。

カップも紅茶も温められているが、ミルクだけ温められてない。

「ねーちゃん、ミルクあったまってないよー」

と言おうと思ったが、もしこれが正式だったらロンドン滞在のウソがばれる（もうばれてたっけ）。

砂糖を二杯入れてかんます。これはダージリンとかいう値段の高い紅茶だそうで、香りも高くとてもおいしい（ような気がする）。

一口飲んでおもむろにサンドイッチ。正式の英国風サンドイッチとかで、具はローストビーフとキュウリとレタス。大きさは一口大。

次にスコーンを攻める。バターとジャムが添えてある。

スコーンをやぐらの皿のところから直接取り出そうとして、

「やぐらから皿を取り出すのかな、やっぱり」

と、またまごつく。

パウンドケーキを食べ、フルーツをいただき、ポットの紅茶をもう一杯いただき、ハテ、こっちのポットのお湯は何のためにあるのか、と、迷い、周囲の客の様子をうかがうと、紅茶ポットの紅茶は二杯までなので、もう一杯飲みたい人はこのお湯を使えるのだ、ということがわかった。

ティーバッグなら、ホラ、もう一回お湯をそそいでおっちめるところです。

「しかし、こうバラバラじゃおっちめられないじゃないか」

と、おっちめおじさんはブツブツつぶやくのでした。

（一九九八年一〇月一六日）

アメリカとラテンアメリカ

問題児ホットドッグ

〝東洋のイカタレ、西洋のドッグ〟

という言葉がある。

イカタレとは、イカのタレ焼きのことで、ドッグとは、ホットドッグのことである。

この二者は、軽食界の問題児とも言われている。

この問題児はどういう問題を起こすかというと、次のような問題を起こす。

「マスタード、及ヒ、ケチャップ及ヒ、タレヲ漏出若《も》シクハ流出セシメ、之《これ》ヲ衣服ニ付着セシメ、着衣ノ用ニ用ヰルコト能《あた》ハサルニ至ラシメ」るのである。

このような行為は「故意ナシト雖《いえど》モ重キニ従テ処断」されなければならない。

〝イカタレ〟も〝ドッグ〟も、そうした厄介《やっかい》な問題を起こす厄介者の巨頭として、そっちの方面では一目おかれている存在なのである。

今回は、西の巨頭のほうに話をしぼろう。

ホットドッグ本人には何の罪もない。そのへんに放置しておく分には何の問題もない。これを食べようとするから様々な問題が起こるのである。

ホットドッグ一個を、何の身体的被害もなく食べ終えるのはむずかしい。

ホットドッグに「世人ニ危害ヲ為スニ至ラシメサセ」ないためにはどうしたらいいか。

まず、ホットドッグを水平に持つことである。まちがっても、垂直に持ってはならない。

垂直に持ったとたん、想像する

のもためらわれるような様々な事件が発生する。

水平に持ったら、その様態をしげしげと観察しよう。

ホットドッグの観察は、常にしげしげでなければならない。その理由は次第に明らかになっていくであろう。

しげしげの結果、次のような事実が判明する。

小型コッペパンのような形状のパンの中央が深奥部まで切り裂かれ、そこに、ポークソーセージ、ピクルスが積載され、玉ねぎみじん切りが添付され、ケチャップが敷設されてマスタードが塗布されている。

そこでは、すべてがあからさまになっている。

材料のすべてが開示され、調味料のすべてが明示されている。

隠蔽されたものなど一つもない。

そういう意味では、ホットドッグは性格的には善良、正直の評価が高い。

東に〝竹を割ったような性格〟という表現があるように、西には、〝ホットドッグを裂いたような性格〟という表現がある（ような気がする）。

ホットドッグを水平に持ったら、次にすることは、それを口に持っていくことである。その次にすることは、口を大きくあけることである。その次にすることは、口を閉じることである。

むろん、ただ閉じるわけではなく、その途次、歯でソーセージ、パン、ピクルスの切断を行い、かつ、玉ねぎみじん切りの取りこみを行い、ケチャップ、マスタードの収納をもくろむ。

と、こう書くと、いかにも造作のない作業のように思えるが、これがなかなかどうして、かなりの難事業であることは世人のよく知るところである。

まず最初に、ソーセージが、というより、ソーセージの皮がプツンと噛み切られる。この歯ごたえが、ホットドッグの楽しいところだ。

パンやピクルスや玉ねぎやケチャップやマスタードなど、口中の様々なものの中で、ソーセージをプツンと、噛み切るところに深い味わいがある。

ところが、このプツンが問題なのである。上側の皮はプツンと切れたものの、下側の皮は意外に切れにくい。

切れたと思ってホットドッグ本体を口から離そうとすると、皮一枚残してつながったソーセージが、本体からずり出てくる。

ここであわてて、本体を口から離すべく本体を強

く握ると、本体からケチャップがニュルニュルとはみ出してくる。はみ出したケチャップが手に付着する。

一方、口と反対側の地方では、玉ねぎみじん切り群の崩落が始まっている。

一方、中央部では、マスタードの漏出及び滴下という事態が発生している。

その滴下が衣服を「着衣ノ用ニ用キルコト能ハサルニ至ラシメ」つつある。

さあどうする。

ホットドッグの摂取は、歯と唇と舌の三者で、そのすべての作業を行わなければならない。

すなわち、嚙み切れない下側の皮を切り離すべく、唇がタコロとなって本体を前方に押し出すことになる。

こうして、一口分のホットドッグはようやく本体から切り離された。

まず熱いソーセージの感触がある。パンの皮の香ばしい味がある。ケチャップの味が新鮮である。ピクルスがお新香のような味わいをみせる。マスタードがツンと鼻にきて、玉ねぎのシャリシャリが〝脇役ながら健気《けなげ》〟という印象を与える。

平たいハムを、平たいパンではさんだ、平たいサンドイッチと比べてみるとよくわかるが、ホットドッグは立体のおいしさである。

いろんな材料が、乱雑に立ちあがっている。

その立ちあがっているものどもを、押しつぶし、混ぜ合わせていくところに、ホットドッグのおいしさがある。

味わいつつも、目は常にホットドッグの上にそそがれていなければならない。たとえ傾斜や震動を与えなくとも、いつどこで、内容物の自然崩落が起こるかわからないからだ。

野球場などのホットドッグには、玉ねぎとケチャップとマスタードは自分で添付する方式のがある。立ち食いそば屋のネギ方式ですね。

そういう所では、欲がからんでどうしても必要以上、大量にのせることになり、この場合は、食べないうちから、もうすでに崩落が始まっている。

ホットドッグの最大の難点は、この崩落問題であり、漏出問題であり、それによる手及び衣服の汚染問題である。

改革案はないのだろうか。

あることはある。

ホットドッグ用のパンをやめて食パンにする。これで内容物をロール状に巻いてしまうのだ。

こうすればタテにも持てるし、底の部分さえ押さえていれば崩落問題はすべて解決する。

しかし、これではおいしくないのだ。

切り裂かれたパンの上の、嚙み残しのソーセージや、落下しそうなピクルスや、したたり落ちそうなケチャップや、すでに手に付着してしまっているマスタードなどに心を痛めつつ、それらをしげしげと見つめながら食べるところに、ホットドッグのおいしさと楽しさがあるのだ。

（一九九〇年四月一三日）

オイスターバー見参

オイスターバーって、どのぐらい人々に知られているのだろうか。

「ぼくがニューヨークにいたころね、牡蠣《かき》のシーズンになると毎日のようにオイスターバーに通ったものさ」

とか、

「フランスにいたころね、マロニエの枯れ葉の舞い散るオイスターバーのテラスで、冷えた白ワインといっしょに食べた生牡蠣、おいしかったなー」

とか、いずれも外国に行ったときの話になる。

「気仙沼《けせんぬま》のオイスターバー」とか、「越中富山のオイスターバー」というのはあまり聞いたことがない。

つまり、ニューヨークやパリに勤務したことのある人から話を聞くことになる。

つまり、エリートの人たちから話を聞くことになる。オイスターバーは、そういう

オイスターバーが似合う人
似合わない人
チッチッ
カウンターが広り!

エリートの人たちが行くところらしいのである。

「ま、じっくり腰をすえて飲む場所というより、会社帰りにちょっと寄って、立ったまま生牡蠣をパパッと五個とか一〇個とか食べ、ワインを二、三杯ひっかけてすぐ帰るといった感じかな」

「するとあれですか、日本でいったら、ホラ、酒屋の片隅でチクワなんかかじりながら立ち飲みしてるとこありますね、あんな感じですか」

と、わざと訊《き》いて嫌な顔をされるのもなかなか楽しい。

実をいうと、ぼくももう二〇年以上前に、ニューヨークのオイスターバーに行ったことがあるのだ。

なにしろはるか昔のことなので、記憶はもう霞《かすみ》のように薄れている。

場所はたしか〝ニューヨークの大きな通りを左に曲がった角に建っている背の高いビルの地下にある店〟だったと思う。立って食べたような気もするし、テーブルにすわって食べたような気もする。

メニューは生牡蠣のほかに魚料理やロブスター料理、クラムチャウダーなどの他に牛丼もあったような気もするし、なかったような気もする。

いずれにしても、オイスターバーのキーワードは、スマート、エリート、都会的、オシャレ、洗練された人々、粋《いき》、高尚といったようなことになるのだろうか。

最近、日本でも、気仙沼や越中富山に先がけて、東京都内にオイスターバーが何軒かオープンし、中には連日満員の店もあるという。

新宿の駅ビル「マイシティ新宿」（現ルミネエスト）の八階にも、二〇〇二年の一一月にオイスターバーが出来た。

どうもなんだか気後れがするのだが、おずおず、こわごわ、出かけて行った。

おずおず、こわごわドアを開ける。

椅子もカウンターも黒、ステンレス感を前面に押しだしたようなメタリックなネタケース。青い照明。

壁のメニューは英語。シャンペン、ワインの名前が英語でズラリ。

〝チクワで立ち飲み〟とは明らかに違うようだ。

コンサバ系のスーツの人々、キャリアウーマン風の二人づれ、秘書課の集まりか、と思うような秘書風OLの四人グループ、若い上役とその部下風OLのカップル、外国人二名。

男女を問わず茶髪系ゼロ。

ここのキーワードに、先述の言葉に加えて〝真面目〟を追加したい。

するとなにか、洋の東西を問わず、エリートは牡蠣を好むってことになるわけか。牡蠣を好むがゆえに、オイスターバーに集結するってわけか。

牡蠣とエリート、何か関係があるのか。このへん、研究に値するな。

カウンターの椅子が高い。ものすごく高い。

全日本椅子の高さ比べコンテストをしたら、ここの椅子はまちがいなく優勝するにちがいない。

椅子の脚の途中にワッカがついていて、そこに足をかけてよじ登ることになる。

ちょっと背の低い女の子だったら、二度、三度と登攀《とうはん》を試み、四度目は諦めて帰る、ということになる。

つまりこの椅子は、共通一次のような役割を果たしているのだった。

牡蠣もいいけど
あとヤキトリとかモツ煮こみも食いてーんだよ

この店の生牡蠣は二種類。

シアトル空輸の「シアトル」と「くまもと」。くまもとというのは、熊本産ということではなく、そういう名前の品種らしい。

シアトル、一個、四九〇円。

くまもと、一個、七〇〇円。

グラスワイン、一杯、七〇〇円。

シャンペン、グラス一杯、一七〇〇円。

牡蠣一個が四九〇円！　高いほうは七〇〇円！

一個が七〇〇円。ああ、七〇〇円。ウーム、七〇〇円。エーン、七〇〇円。

「シアトル」も「くまもと」も、日本の牡蠣と違って粒がとても小さい。日本の牡蠣はダラリと細長いが、ここのは丸くて身がひきしまっていて、ねっとりと味が濃い。

濃くて旨い。

旨いけど七〇〇円。エーン。

ルイ一四世だったか五四世だったかは、牡蠣を一四四個だったか五四四個だったか食べたそうだが、ここの牡蠣だったら粒も小さいし、とてもおいしいので一〇〇個ぐらいは食べられそうだ。

だけどそうすると七〇〇×一〇〇で七〇〇〇〇円。エーン。

そういう値段をものともしない人々が集まり、オシャレに、スマートに飲食するのがオイスターバーなのだ。

もしこの店に、車寅次郎さんが、肩でドアを押してふいに入ってきたらどういうことになるのだろうか。

寅さんの動転、客たちの険しい視線が目に見えるようだ。

（二〇〇三年三月七日）

おじさん〝スタバデビュー〟す

〝スタバでコーヒー〟が、このおじさんの夢だった。

スタバの道路に面したスタンドで、道行く人を見ながらコーヒーを飲んでいると、通りがかった娘さんの二人づれが、

「アラ、あそこ見て見て。ステキなおじさまが小粋にコーヒーを飲んでるわ」

と、ささやき合う。

（ぜひ、そうなりたい）

おじさまは胸をときめかすのだった。

一方、おじさんたちの間では、

「スターバックスはむずかしい」

というのが通説だった。

この〝むずかしい〟は、難関である、という意味で、「開成高校の受験は難関で

スタバでオットセイ化したおじさん
アウアウアウ

ある」「国家公務員一種試験は難関である」などの難関と同じ意味なのである。

　どう難関なのか。

　ふつう、喫茶店へコーヒーを飲みに行った場合、ツカツカと店内に入って行って適当なテーブルを選んですわり、やってきた店員に「コーヒー」と一言伝えればいい。

　スタバではこれはバツ。大バツ。大ブーイング。大恥。人でなし。極悪人。市中引きまわしのうえ磔《はりつけ》。

　スタバでは、まず飲み物申込所で飲み物を申請しなければならない。申請が通ったあと、飲み物受取所で飲み物を受け取り、コンディメントバーという所に立ち寄っておよそ八種類ある（砂糖、ハチミツ、シナモンパウダーなど）調整商品を加えて自分好みの飲み物に仕立て上げ、しかるのちに適当なテーブルを選んでそこにすわって飲み物を飲む、ということになる。

「なんだ簡単じゃん」

と思った人はバツ。大恥。極悪人。磔。

申請所の申請が大仕事。

予備知識なしではまず無理。

予備知識なしの人は介添人同伴、もしくは弁護士立ち会いが必要。

ないしは前もって「入店合格必勝スタバ塾」で仮免を取ってから路上に出、それからスタバ入店を果たさなければならない。

スタバ申請所では種々な訊問を受ける。

海外旅行に行って、外国の税関でいろいろ訊《き》かれますね。あれと同様だと思えばよい。

行列に並んで、白線の前に進んで、いよいよ次は自分、というあのときの心境と同じだと思えばよい。

税関の人の前に進み出たあとどんなことになるのか。

ややこしくなるので、ホットに限って話を進めよう。

選ぶべきコーヒーの種類はおよそ一五種類ある。

エスプレッソ、カフェラテ、カプチーノ、エスプレッソコンパナ、エスプレッソ

マキアート、キャラメルマキアート、カフェアメリカーノ……。

それを申請したのち、こんどはトッピングを申請する。トッピングは六種類以上あり（ホイップクリーム、バニラシロップ、ヘーゼルナッツシロップ、キャラメルシロップなど）、そこから一種類ないし二種類、もっとの人はもっと申請する。

ここまではカウンター内で作られ、これを受取所で受け取って、さっきのコンディメントバーに寄るという段取りだ（このバーは無料）。

おじさんはスタバデビューを前に、こうしたレクチャーを、スタバ通の編集者のM君から受けた。M君と協議の結果、申請するコーヒーは次のようなものとなった。

とても覚えきれないので紙に書いてもらうことにした。

国会の証人喚問に備える人の想定問答風にしてもらった。

「なになさいますか」

「カフェアメリカーノにヘーゼルナッツシロップをワンショット入れ、そこにフォームドミルクをのせてください」

「サイズはいかがいたしますか」

「中《ちゅう》でお願いします」

この紙を手に握り、スタバの列に並んだ。おじさんの前に四人並んでいる。

どうしても覚えきれない。いざとなったらこれを読みあげようか。いやいやいくらなんでもそれは……。

そうだ、試験のときのカンニングみたいに、ボールペンで手の平に書き込もうか。

いよいよおじさんの番だ。胸が高鳴る。目がつりあがっている。

「いらっしゃいませ」

「あの、あの、カフェアメリカーノにヘーゼルナッツを入れてください」

「どのくらい」

「あの、あの、ワンミルクです」

「ハ？」

「あの、あの、ワンショットです」

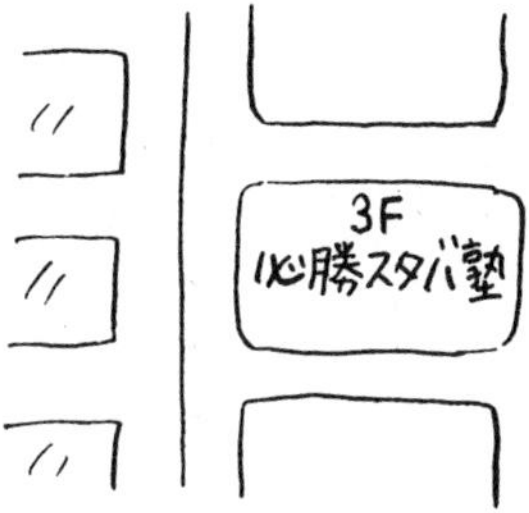

「ヘーゼルナッツシロップをワンショットですね」

「あの、あの、そこにフォームミルクをのせてください」

「フォームドミルクですね。泡立てていいんですね」

「あの、あの、泡だけじゃ困るんです。ミルク本体も入れてくれないと」

「ですから、泡立てたミルクを……」

「あの、あの、泡だけじゃなく……」

すっかりアガってしまって、てとけを聞きちがえてしまったのだ。

少しモメたため、時間がかかって自分のうしろに並んでいる人たちがイラついているのがわかる。

「サイズは?」

「あの、あの、ワンショットです」

「ハ?」

「あの、あの、中でした。中……」

最後までモメにモメるのであった。


(二〇〇一年一〇月五日)

私的フレンチトースト史

日曜日の朝、犬の散歩をしていたおとうさんは、とある一軒の家からの声を耳にする。

若妻らしい人の声で、

「フレンチトースト、出来たわよ」

なんておしゃれな朝食なんだ、とおとうさんは思う。

「卵はスクランブルエッグ・バジルの香り、クレソン添えよ」

ますますおしゃれな朝食じゃないか、と、おとうさんは思う。

うちの場合だったら、古妻のしわがれた声で、

「自主流通米炊けたわよ。それにトーフとワカメの味噌汁の香り、水戸納豆本小粒練りカラシ添えよ」

ということになるのだろう。

実をいうと、おとうさんはフレンチトーストなるものの実態を知らない。

うすうす知っているような気もするのだが、よく考えてみると実態が頭に浮かばない。

今回フレンチトーストについて書くにあたり、世の中のおとうさんたちはどのくらいフレンチトーストについて知っているかを調査してみた。

その結果、約七割のおとうさんがフレンチトーストを知らないことが判明した。

居酒屋へいっしょに飲みに行った三人のうち、一人しか知らなかったのだ。

この調査は統計的に問題があるが、大筋において大体こんなものだと思う。

ぼくの場合は〝フレンチトーストを観たことがある〟ということになる。

一九七九年の映画「クレイマー、クレイマー」でフレンチトーストを観た。

〝女性の自立、女性の主張〟を描いたらしい映画で、ダスティン・ホフマンの夫が、メリル・ストリープの妻に離婚を迫られ、結局妻は小さな男の子を置いて家を出る。

日本流に言うと、〝カーチャンに逃げられた話〟ということになる。

カーチャンに逃げられたダス君が、初日、というのかな、逃げられた初日の朝、息子のために作ってやるのがフレンチトーストというわけだ。

ビデオで改めて観てみると、シーンは次のようになっている。

ダス君はフレンチトーストの作り方はうろ覚えなので、まずマグカップに卵を割り入れ、牛乳を入れ、砂糖を入れて掻き混ぜる。

パンをこの液にひたして、熱したフライパンで焼くわけなのだが、フライパンの柄が熱すぎ、ダス君はアッチッチと言って中身ごと床に落っことし、ダス君はフレンチトーストに失敗したのだす。

そこでフレンチトーストの場面は終わってしまう。

どういうふうに食べるのか、手で持って食べるのか、フォークで食べるのか、というようなことはナゾのままとなった。

一九七九年以来、曖昧《あいまい》なままになっているフレンチトースト問題にケリをつけようとぼくは思い立った。

料理の本を見る。

作り方はこうだ。

①ボールに卵を入れてよく混ぜ、そこに牛乳と砂糖を入れて更によく混ぜる。食パン二枚に卵一個、牛乳約一〇〇cc、砂糖は好み。

②この卵液にパンをようくひたす。

③フライパンを熱し、バターを入れ、ひたしたパンを両面こんがりと焼く。

この通りにやったのだが見事に失敗した。

「卵液にようくひたす」の「ようく」のところを重視したのと、牛乳を多く入れすぎたため、パンがグズグズになってボールから引き上げることさえむずかしくなった。

火事で水をかぶった布団のようになったのを、ギョウザ用のヘラですくいあげてフライパンの上にようやくのせて焼いたのだが、焼きあげてもグズグズだった。

フライパンのまま、お箸で食べた。当然うまくなかった。

サダオ君も失敗したのだす。

依然としてフレンチトーストの実態はナゾのままだ。

そのことがあってから数日後、新宿の紀伊國屋書店に用事があり、新宿駅の中央東口を出てフト左側を見た。

「ＯＳＡＤＡ」という喫茶店があって、店の入口の立て看板に「フレンチトーストセット　メープルシロップ添え　六〇〇円（ランチタイム）」という文字があった。

天佑《てんゆう》という言葉が頭に浮かんだ。

神助《しんじょ》という言葉もついでに浮かんだ。

一九七九年以来、実に二三年の歳月をかけて、いまここにフレンチトーストの実態が明らかになるのだ。

パンは厚切りであった。

それが六つに切ってあった。

卵液は〝ようく〟というより、パンの表面に〝塗った〟という感じで付着していた。

焦げ目は、軽く、であった。

小さなフォークが添えてあった。

メープルシロップをかけてフォークで突き刺して食べてみる。

〝ほのかに甘いプリンパン〟〝あんまり甘くないゆるめのカステラ〟、そういう感じのものであった。

あたりまえだが、きちんと卵と牛乳とバターの味がし、たまにはこういうトーストもわるくないな、と思った（二つ切りのパンをナイフとフォークで、という店もあるそうです）。

（二〇〇二年四月一九日）

夢のTボーンステーキ

Tボーンステーキというやつを一度食べてみたい。肉のてっぺんとまん中に骨がくっついた、荒々しい感じのステーキを食べてみたいとずうっと思っていた。

いや、まてよ、一回食べたことがあるような気がする……が、やっぱりないな、うん、ない。

昔、西部劇で、大きな骨のついたステーキを、ジョン・ウェインかなんかが食べているのを見て、それを勘違いしたのかもしれない。

Tの字の骨の内側に沿ってナイフを切り進めていく様子が、なんだかとても楽しそうだった。

あれをぼくもやってみたいな、と思っていた。

なぞるっていうのかな、骨の内側にナイフを添わせながら切っていく途中、刃先

ガルルー
人間は肉塊を
手に持ったとたん
ガルル化する

が骨につっかえて少し難渋したりするところが楽しそうだった。

食べてみたいと思っても、Tボーンステーキがメニューにある店はめったにない。

自分で焼いて食べようと思っても、骨つきのステーキ肉はスーパーに売っていず、肉屋に売っていず、デパートでも売っていない。

食べたい、どうしても食べたい、というより、あのナイフ捌《さば》きをやってみたい、と思いつつも早くも過ぎる幾十年。

そんなある日、ついにTボーンステーキを出す店があるという知らせが入った。

積年の大願ここに実る。

国産牛をTボーンステーキに使っているという。

注文して待つことしばし、鉄皿の上でジュージュー音を立てながらやってきました夢のTボーンステーキ。

うわっ、でかい、想像を超えてでかい、ウチワぐらいでかい。

Tの中央の骨の左側がヒレ肉、右側がサーロインだという。

えっ、ということは、ヒレステーキとサーロインステーキの両方をいっぺんに食べられるわけ？

これって、ヒレとサーロインの〝盛り合わせ〟ってわけ？　そんな贅沢なことしていいわけ？

値段は六五〇〇円。積年の悲願の成就だ。やむをえまい。

改めてジュージュー言ってるウチワをじっと見る。

ふつうのステーキは、表面がのっぺりして平べったいただの肉片だが、こっちはいろいろと変化に富んでいる。

てっぺんとまん中に骨があるわ、フチに沿って長い脂身がついてるわ、骨と肉がくっついているわで、肉は縮もうとして縮めず、不自然にねじれ、反り返り、荒々しい肉塊となっている。

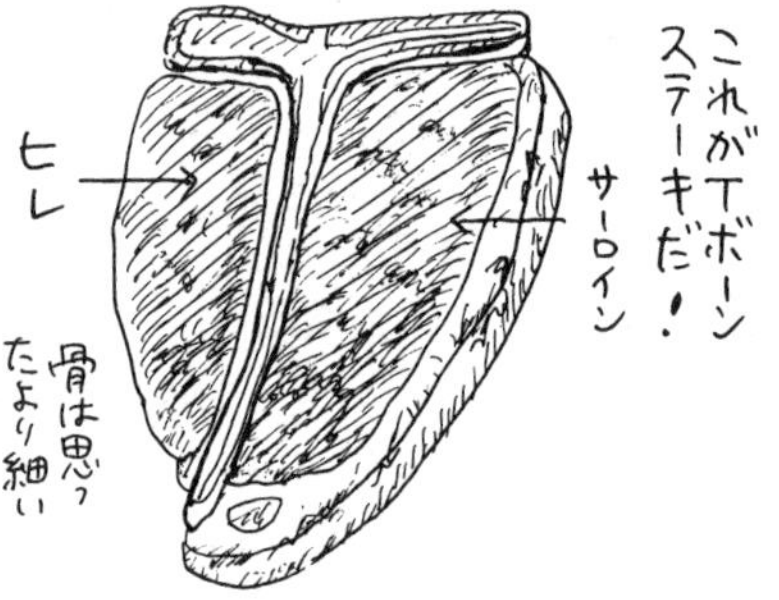

ふつうのステーキとTボーンステーキとではこうも違うものなのか。

肉に骨が混じっているだけで、〝かつて生きていたものの亡骸《なきがら》〟という感じがする。

いってみれば、この骨は、一頭の牛の遺骨である。

〝牛の一分《いちぶん》〟を、その牛が、その遺骨でこうして示しているのだ。

そうか、そうであったか、と、故人ならぬ故牛を悼《いた》みつつナイフとフォークを取りあげる。

ふつうのステーキだと、ナイフの動きは常に直線的になる。

Tボーンステーキの場合は、Tの〝脇の下〟あたりはカーブしつつ切っていくことになる。

ナイフの動きは、直線、曲線入り乱れる。

ここんとこが楽しい。

ナイフをカーブさせていくところが楽しい。

Tボーンステーキの肉質よろしく、味濃く、焼き加減絶妙、肉でも魚でも骨がらみのところがおいしいというが、Tボーンステーキは骨に近い肉がたくさんある。

骨から離れたところと、骨に近い肉とでは味が違うところが嬉しい。

そうやってほとんどの肉を食べ終えたあと、こんどは骨にこびりついている肉たちを削り取って食べることになる。

すね肉のような、すじ肉のような、脂身を含んだ肉など、かなりの量の肉が骨にくっついている。

立体的な骨つき
ステーキも
食べて
みたいな

それらの肉はもはやナイフでは削り取れないから、骨の部分を手で持って食べることになる。

手で持って食べたあとのべたつきを拭うためのおしぼりが用意されている。

骨つきの肉を手で持った瞬間、なんだか血が騒ぐのを覚える。

目が次第に三角になっていき、野性の本能のようなものが身内に漲《みなぎ》り、自分が兇暴化していくのがわかる。

骨つき肉を手に持った瞬間、人ははじめ人間ギャートルズになるのだろうか。

ガルルー、と低く唸《うな》って骨つき肉に齧《かじ》りつく。

Tの脇の下のあたりの肉は齧りつきにくく、どうしても頬のあたりに支《つか》え、それでも無理やり食いついて引き剝がす、引き毟《むし》る、剝ぎ取る、唸る、食いちぎる。

歯では無理な凹《へこ》んでいるところの肉は、皿の上に置き直し、ナイフで抉《えぐ》る、剝《へず》る、穿《ほじ》る、唸る、刮《こそ》げる、ガルル、削り取る。

普段あまり使わないような漢字でしか表現できないような行為がえんえんと続く。

これらの中で、毟る、穿る、刮げるなんぞは、字に実感がこもっていてなんだか楽しい。でも毟るは、毛の薄い人はドキッとするんじゃないかな。

ようやく全部食べ終え、おしぼりで手を拭い、口の周りも拭き、居ずまいを正して思ったのは、

「あー、おいしかった」

というよりも、

「あー、面白かった」

という気分のほうが強かったのでした。

（二〇〇六年一二月二九日）

改造版「カリフォルニア巻き」

カリフォルニア巻き、というの、聞いたことありますよね。

あ、なんか、そんなような名前聞いたことあるな、と言ってくれる人が一人でもいれば、もうしめたものです。

そうです、そのカリフォルニア巻きです。

「たしか太巻きの寿司で、具の主役がアボカドで……」

「発祥地がカリフォルニア」

「具はアボカドのほかにカニカマが定番。あと、店によってサーモンとかキュウリとかトビッコとかも入れたりするが、主役はあくまでアボカドとカニカマ」

「本物のカニじゃなくて、カニカマというところが嬉しいんだよね」

というようなことになってくれればもうこっちのもの。

ぼくがカリフォルニア巻きなるものの存在を知ったのは、かれこれ一〇年ぐらい

乗っ取った
心の痛み
リストラ
をした
胸の痛み

前だったかな。

アボカドが寿司の具、と聞いたとき、

「何だ、そりゃ」

と思った。

果物とゴハンをいっしょに口に入れる、という発想は日本人にはない。

たとえばリンゴとゴハン、柿とゴハンをいっしょに口に入れたりはしない。

ましてやアボカド。

「ありえねー」

と思った。

何だ、そりゃ、と思いつつも、

「一度食ってみてー」

と思った。

アボカドに醤油をつけて食べるとマグロの味になる、という話はすでに聞いていた。

そうなると、アボカドは寿司と親和関係があるということになる。

一度食ってみてーと思っても、カリフォルニア巻きはどこへ行けば食えるのか。

ふつうの寿司屋にはまずあるまい。

でも食ってみてーと思ってからすでに一〇年が経ってしまった。

そんなある日、持ち帰り寿司の「京樽」の店の前に立って、何の気なしに店頭の折り詰めを見ているうちにひらめくものがあった。

「京樽」の三七〇円の折り詰めの中は、干ぴょう巻き四、稲荷寿司二、そして太巻きが四、その太巻きを見てひらめいたのだった。

何をどうひらめいたのか。

ここから先の話は、あんまり外聞のいい話ではないので、急に声をひそめて言うことになるのだが、一口で言うと換骨奪胎《かんこつだったい》です。

本末転倒です。死中求活です。牽強付会《けんきょうふかい》です。

これらどの四字熟語もいい意味にはあまり使いません。

よからぬ方向に話は向かうことになります。

「京樽」の太巻きの具は何か。

太巻きの中央に四角く切った玉子焼きと高野豆腐が隣り合わせで大きく座を占めている。

そして、その周辺に干ぴょうとでんぶと刻んだ干し椎茸《しいたけ》がちょびちょび。

ここから換骨奪胎が始まります。

中央に大きく座を占めている玉子焼きと高野豆腐を抜き取るとどうなります？

そうです、中央にポッカリと穴があきます。

カリフォルニア巻きの二大主役はアボカドとカニカマでしたよね。

そのポッカリあいた穴にこの二大主役をきっちり挿入したらどうなります？

そうにゅうことしてはいけません、と言われてももう遅いです。

なにィ
カリフォルニア
巻きィ？
こちとら
江戸っ子
でィ

もはや、どこからどう見てもカリフォルニア巻きそのものではありませんか。

まさに乗っ取り。

決していいことではありません。

でも現状の中で、カリフォルニア巻きを食べるにはこうするよりほかないのです。

ぼくだって決していい気持ちはしません。

太巻きから玉子焼きと高野豆腐に出て行ってもらうとき、内心忸怩《じくじ》たるものがありました。

この二人には何の落ち度もないのです。

リストラを申し渡すときの人事課長の心境はこれだな、と思いました。

リストラならば、人員削減ということでそれなりの言い訳ができるのですが、すぐそのあと、新しい人員を雇ってしまったわけだから、人事課長としてはとても辛いです。

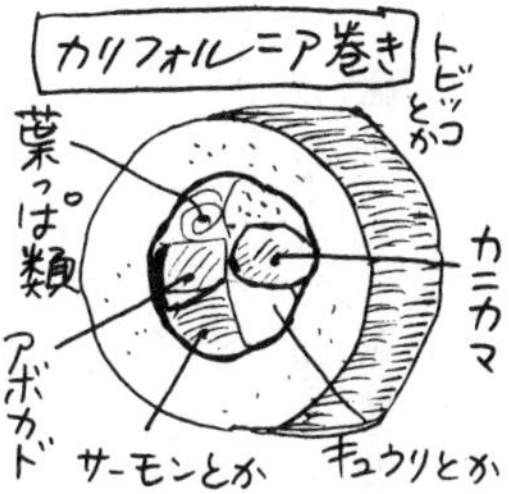
カリフォルニア巻き
トビッコとか
葉っぱ類
カニカマ
アボカド
サーモンとか
キュウリとか

「いつか食ってみてー」

と思い続けていたカリフォルニア巻きが、いま目の前にあります。

食べてみます。

パクリと一口で口の中へ。

うん、うん、なるほど、そういうことね。

そういうこととはこういうことです。

コンビニのおにぎりに「ツナマヨ」というのがあり

ますね。

ゴハンにマヨネーズは合うはずがない、と誰もが思っていた。

そうしたら意外に合った。

合ったからこそ、コンビニおにぎりの売れっ子になった。

あの味わい、口ざわり、舌ざわり。

アボカドがマヨネーズ的役割を果たしている。

全体がニッチャリ系の味わいになったところに、カニカマのはずむような弾力が加わって口中のバランスを取る。

うん、いけます。

アボカドとゴハン、合います。

日本の太巻きはカリフォルニア巻きになりえたのか、と問われれば、はっきり、なりえた、と自信を持って答えることができます。

ただ、心の中にモヤモヤはあります。

不正を行った、とまでは言わないが、正々堂々の行為ではなかったな、という思いが心の中に残りました。


(二〇一四年一二月二六日)

「シュラスコ」食べてみたら

バイキング料理にもいろいろあって、「一二〇〇円で食べ放題」というのから、ホテルなどのちょっと高級な「五〇〇〇円で食べ放題」、中には「七〇〇〇円で食べ放題」というのまである。

七〇〇〇円あたりになると、誰もが「元が取れるのか」という問題を悩むことになる。このとき、ホテル側がはっきりと「元は保証します」と言い、「その証拠はこれです」と言って指さしてみせるのがローストビーフである。

ローストビーフは、こうしたバイキング料理の、元が取れるかどうかの境目のところに位置している。ローストビーフは、パーティでも最重要料理に指定されている。

こういうパーティでは、たくさん並んでいる料理を勝手に取って回っていいわけだが、ローストビーフだけはそうはいかない。

ローストビーフの後ろには、やたらに背の高い帽子をかぶったなんだか偉そうな人が偉そうに立っている。

彼は料理人というより、ローストビーフのガードマンとして立っているのだ。

客が固唾《かたず》をのんで見守っていると、その彼は偉そうに包丁を取りあげ、その包丁には偉そうなリボンが結んであり、その偉そうな包丁を偉そうに肉に当て、わざとゆっくり偉そうに切る。偉そうなくせしてうすーく切る。

「もっと厚く切ってください」

と言えばいいのだが、そう言えない雰囲気があの場にはある。

日本のパーティ史上でも、多分、「もっと厚く切ってください」

と言った人はこれまで一人もいないと思うな。

もしですよ。

あのローストビーフがですよ、ワゴンに載せられてですよ、あの偉そうな料理人がそのワゴンを押して一人一人のところにやってきて、

「ローストビーフいかがですか」

と言ったとしたら、あなたどうします。

そんなバカな、そんなありえないことは考えるだけムダ、と誰もが思いますよね。

ところがです。あるんですって、それに近いスタイルの店が。

その店では客がテーブルにすわっていると、牛のステーキ肉を持った人、豚肉の係の人、鶏肉担当、ラム担当の人などが次から次へとやってきて「いかがですか」と勧めてくれる。そのカタマリ肉を切ってもらって食べ、食べ終わったとたん、別の肉のカタマリを持った人が来て「いかがですか」と言う。

それももらって食べると、またすぐ別の肉がやってくる。

食べて食べて、お腹が一杯になってもうダメというまで次から次へ肉がやってくる。

そうなんです。まさに肉の〝わんこそば食い〟状態。

どうです、やってみたいでしょう。

しかもこの〝肉のわんこそば食い〟いくらだと思います、五五〇〇円でいいです、と言ってるんですよ。

行きなさいテツヤ、すぐ行って肉をわんこ食いしなさい（古いな）。

シュラスコという言葉、聞いたことありますよね、あれです。

シュラスコとはブラジリアン・バーベキューとも呼ばれるブラジル料理で、サッカー人気はなやかなりしころ、テレビなどで盛んに紹介されたやつ。

肉のカタマリをフェンシングの刀みたいな串に刺して焼き、客の前で切り分けてくれるやつ。

あれを一度ぜひやってみたい、ああいうふうにして肉を腹一杯食べてみたいとずうっと思っていたのだが、こんど東京駅の前に新しくできた新丸ビルにシュラスコの店が開店したと聞いて取るものも取り敢えず駆けつけた。

「バルバッコア　クラシコ」という店でサンパウロに本店がある本格的シュラスコ

料理の店だという。

まずテーブルにすわる。

テーブルの上に一枚のコースター風の丸い札があって牛の絵が描いてあり、表が赤、裏が緑で、赤のほうにしておくと「肉くれ」を意味し、緑だと「肉いらない」だという。

もちろん、ただちに赤。

一種のYES NOカード
ですね
BARBACOA

来た来た、すぐ来た肉を持った人が。この人は「ピッカーニャ」という肉の部分の担当で、ピッカーニャは「当店一番人気のお肉」で「牛のお尻のほんの一部のところで脂がのっている」ということなのだが、いや、このお肉の旨《うま》いこと、柔らかいこと、確かに脂がのっていて焼きかげんほどよく、周りこんがり中ミディアムレア。

「クッピン」という（セブ牛のコブの部分）や「ランプ」「カイノミ」という（ハラミに近い部分）など牛肉だけでも五種類あり、三〇種類もの巨大なサラダバーもあってもちろんどれも食べ放題。

味つけは岩塩のみで焙り焼きしてあるので脂が落ち、

さっぱりした味わいとなっていくらでも食べられる。

本当にもういくらでも食べられるのでいくらでも食べ、もうダメ、と思いつつも「いかがですか」と言われると、つい「じゃあ」と言い、この〝つい「じゃあ」〟が五、六回続き、あとで考えてみたのだが、このとき一切れずつ食べた肉片を全部つなぎ合わせ、重ね合わせてみると、そうですね、ふつうのレストランで出すふつうの大きさのステーキ、あれを、えーと、六枚は食べたんじゃないかな。

肉を食ってはまた肉、また肉を食ってはまた肉。

「わたしの体はワインでできている」と言ったのは女優の川島なお美。

ぼくはこう言いたい。

「わたしの体は肉でできている」

あたりまえか。

（二〇〇七年六月八日）

ハワイ名物「ロコモコ丼」

ふらんすへ行きたしと思へども
ふらんすはあまりに遠し
せめては新しき背広を着て
きままなる旅にいでてみん。
と詩人は歌う。
漫画家も歌う。
ハワイに行きたしと思えど
ハワイは金と時間がかかる
せめてロコモコ丼など食べて
ハワイ気分を味わわん。
ここまで読んできた人は、

こ、これがハワイ名物ロコモコ丼か!!
(詳細は本文で)

「エ？　なに？　ロコモコ丼？」

と思うはずだ。

ことしの夏休みはどこへも行かなかった。家でゴロゴロして過ごした。ゴロゴロゴロしながらテレビを見ていたら、〝ハワイ名物のロコモコ丼〟という文字が画面に出てきた。

エ？　なに？　ロコモコ丼？　と、ぼくはヒジ枕の腕をはずして思わず起き上がった。

聞いてないぞロコモコ丼。

どんな丼なんだロコモコ丼。

〝ロコモコ〟がどうにも気になる。

ハワイといえばロコモコというよりむしろマヒマヒのマイタイで、ロミロミのアヒポキがウラウラしてカイマナヒラするわけだから、エンセマダがハウピアするわけにはいかないし、大体いつどのようにロコがモコしたのか、誰だってそこのところが気になる。

いずれにしてもロコモコ丼を名乗るからには、さぞかしトロピカルで、ハッピーでイェイイェイで、野趣に富んだ料理であるにちがいない。

と思ってテレビの画面を見つめる。

〝丼〟というからには、丼の中にゴハンを入れ、その上に何らかの具をのせて食べるものであるはずだ。

一体なにをのせるのか。

期待に胸をふくらませ、ワクワクのドキドキ、パウパウのロミロミで画面を見続けたのであった。

さて、ところ変わってこちらは、東京は恵比寿のハワイ料理の店の「L」。

テレビで見てどうしても食べたくなってやってきました。——まるで南国のリゾートにいるような気分が味わえる、心温まる「ハワイアン・バー&ダイニング」です——と店のパンフレットにあり、店内にはハワイアンミュージックが流れ、スタッフはアロハシャツ、入口を入ったところにはハイビスカスの造花、そして椰子の木という、ハワイアンムードいっぱいの店。

いよいよ本物のロコモコ丼に対面するのだ。

やってきましたロコモコ丼。

いま眼前にあるロコモコ丼。

おっ、ひと膝乗り出してきましたね。

ゴハンの上にのっかっているのは、いいですか、落ちついてくださいよ、ハンバーグです。

「エーッ？　ハンバーグゥー？」

と、グゥーのところの声がひときわ高くなってひと膝後退しましたね。

　でもまだ希望を捨ててない人は、

「ハンバーグだけじゃないわよね。もっと何かのせるのよね」

　と、半膝乗り出してくるはずです。

恥ずかしいっす
似合わないっす
黒い革靴はいてるっす

　ハンバーグともうひとつは、いいですか、目玉焼きです。

「エーッ？　目玉焼きぃ？　もうこうなったらしょうがない、目玉焼き、許す。で次は？」

　これでおしまいです。

　本当に申しわけないが、本当にこれだけの丼なのです。あとは脇に刻みレタス少々。

ただ救いがあるのは、上からかけるソースが洋食系のグレービーソースだということ。

そんなことでは救われないぞ、と言われても、ぼくにはどうすることもできないのが辛いです。

あ、もうひとつ、救いがあります。

それは、ハンバーグも目玉焼きもいっしょに突き崩して掻き混ぜて〝ビビンバ食い〟をするということ。そのためかどうかわからないが、この店の目玉焼きはトロトロの〝トロ玉〟風になっている。

味はどうか。
醤油系の濃い味の丼物に慣れている日本人には、なにしろグレービーソースなのでなんだか曖昧《あいまい》。
ここに醤油をひとたらしたらどんなにピタリとくるか、そういうもどかしさがある。
ロコモコ丼はガイドブックにも載っている。ハワイ島ヒロが発祥の地で、ローカルなレストランやドライブインなどのメニューにあり、ちゃんとしたレストランで出てくるものではないという。現地の値段で約七ドル。

ハワイの代表的な食べものは？　と訊《き》かれて即答できる人は少ない。

以前、テレビで、ハワイ育ちのタレントの早見優さんが何か食べながら、

「これこれ、これがハワイの味なのよ」

と言っているので何だろうと思ったら、それがロコモコ丼だった。

ロコモコ丼と並んでもうひとつハワイの代表的料理としてガイドブックに載っているのが「スパムむすび」。

スパムと呼ばれる缶詰入りのハムをスライスし、醬油のタレをからめて焼いておにぎりの上にのせて海苔を帯風に巻いたもので、これもこの店のメニューにあったので食べてみたらとてもおいしかった。

ロコモコ丼とスパムむすびを食べ、カクテルのブルーハワイを飲む。

〝丼〟と〝むすび〟のほうは食べていても恥ずかしいという気にはならないが、派手づくりのブルーハワイは飲んでいてなんだか恥ずかしい。

チューチュー吸うところが恥ずかしい。

特に革靴をはいてチューチューが恥ずかしい。


（二〇〇四年九月一〇日）

解説「東海林さんを読んでれば、大丈夫」　久住昌之

東海林さんの文章は、どこに行こうが、どこにいようが、何を食べようが関係ない。おんなじ。

いつでもどこでも東海林さん。読み始めたとたん、東海林さん。んふふ。一行目読んだだけで、ボクはもう笑う態勢に入ってる。

東海林さんの文章は、読者に、かまえさせない。身がまえる隙を与えない。

まず、東海林さんの絵が目に飛び込んできちゃって、読者はぐにゃっとなる。

小説家なんかを自称するような人は、「ズルイなぁ」と思うだろう。

東海林さんが、自分の文章に添えた絵。というか、マンガ。これが、読者の目じりを下げさせ、肩の力を抜く。

でも、そんな絵を描くのって、実はもんのすごくムツカシー。東海林さんの絵は、さらさらっと描いたように見えて、スゴイ。

例えば、この本で最初に出てくる11ページのキムチの絵。実においしそう。そして辛そう。香りまでしてくるようだ。

これを見た人の脳は、この絵がウマイかヘタを判断する前に「おいしそうなキムチ」って思っている。

これ、大変なセンスと技術だ。

たとえば芸大生かなんかが、油絵で写実的に描いたキムチを見た人は「あ、ウマイ。キムチ。

本物そっくり。さすが」とか思う。

でもそれは「おいしそう」の前に、上手という意味の「ウマイ」がくる。でも、上手が先に来る絵は、見るものを無意識に身がまえさせている。

東海林さんの絵は、まずおいしそうって思わせる。とたん、読者は無防備になる。

しかも、もう一度見てください。東海林さんはそれをペン一本、墨一色で描いてる。だけど脳は、この絵にキムチの赤みがかった白菜の色を感じてる。点々がちゃんと唐辛子の粉に見える。スゴイでしょ？

そんなスゴイのに、東海林さんの絵は、ウマぶってない。エラそうじゃない。

「マンガですから。こんなもんですよ。ハハハ」

というおおらかさ、余裕、ユーモアがある。上手ということから、自由なのだ。

東海林さんの文章も、絵と同じように、全然エラそうじゃない。

東海林さんの食べ物エッセイの、本当にスゴイところは、もう徹底的に、エラそうじゃないってことだ。

すでに何十年も食べ物のことを書いてきたのだ。それがずーっと面白くて、今もその面白さが全然変わっていなくて、エラそうじゃない。これ、なかなかできない。

だって、考えてください、普通の人より何十倍も、いろんな場所に行って、いろんな店に入って、いろんな人に会って、自分でも作って、見たことも聞いたこともない食べ物なんかもいっぱい食べているわけです。

東海林さんは、すでに食の大家だ。食に関して、経験豊富、百戦錬磨の大先生だ。

この本の文章が、そういう大先生の文章に思えますか？

全っ然でしょ。

ラーメン屋で、テーブルの下に入ってた古いマンガ週刊誌の四コママンガでも読むように、軽い気持ちで、軽く読んで、軽く笑える。いいなぁ、と思う。


第一線で、読者の視線を浴び続けて執筆していく中で、エラそうにならない、って、とてもムズカシイのではないか。

食経験がすごく増えていくと、なにか新しいものを食べても、たいがい、

「あぁ、これか」

ってなってくる。

大先生は、オドロキが減るのだ。しかたない。

しかし、その次に、

「うん、これ、けっこうウマイけど、あそこで食ったやつの方がウマかったな」

とかなりやすい。まぁ、それはわかるが。

さらに、これが発展すると、

「いい線いってるけど、笑えないね。ボクが食べたアレは、もっともっとヒドかったよ（笑）」

っていう感想が出てくる。

いつの間にか「上から目線」が発生している。

ウマくなかった食べ物を、ウマかったものと比べて、見下して語っている。

これが「ウマイマズイの罠」だ。

つまり、食べ物を「おいしいかどうか」だけの価値観で語り続けていると、人は知らず知らずのうちにエラそうになるのだ。

エラそうな人は、やっぱり嫌味だ。なりたくない。


東海林さんは、エラそうにならない。

「ウマイマズイの罠」に捕まったことがない。いつも身の丈の目線。

東海林さんは等身大の丸腰で、ただ、食べる人。

そして、食べて、困る人。食べて、悩む人。食べて、怒る人。食べて、悲しむ人。食べて、どうしていいか身悶える人。

何かを食べる自分を、いつも外からながめて、笑うことができる人だ。

具体的には「いまだにキムチを食べてヒーハーしている人」なのだ。

食の経験が豊かになると、なかなかそういうふうに肩の力が抜けない。ウマイマズイの罠にはまって、がんじがらめになってしまうからだ。

がんじがらめになった挙句、ナニイッテンダカワカンナイ、ということを書いたりし始める。映画評論家なんかによく見かける。


絵でも音楽でも演劇でも、人は食の「ウマイマズイの罠」と同じ、「ウマイヘタの罠」にかかりやすい。

ウマイものが偉い。尊敬の対象。

ヘタなものは間違ってる。嘲笑の対象。

ウマイものが高級、上等。ヘタなものは低級、二流。B級グルメも、アングラもサブカルもパンクも、結局、ウマイヘタの罠からの逃げ口上かもしれない。どこかコンプレックスの匂いがする。東海林さんには、その匂いがしない。誰でも、心のどこかでウマイヘタの罠に、狙われていることを忘れてはいけない。

ウマイかヘタかで物を分けるようになることから、権威は生まれる。そして「界」ができる。「会」ができる。「流」ができて「派閥」が生まれる。「道」を説く人が現れる。

そうした流れの中で、価値が金額に換算され、その金額操作の動きが始まる。そこに集まる連中がゾロゾロ現れる。そして必ず、なんだかよくわからない大金が、社会の陰でひそひそ動くようになる。絵画でも、文学でも、音楽でも、演劇でも、書道でも、華道でも、それこそなにがしかのスポーツでもそうかもしれない。蕎麦打ち、フランス料理、ワイン……。やだやだ。

そんな時、東海林さんがいる。永遠にエラそうにならない東海林さんの文章を読んで、マンガを見て、笑うとき、人はウマイヘタの罠を蹴とばして、身軽になっている。嫌らしい大人の価値観から、自由になれる。

キムチにヒーハーし、もう食わんと誓ったチーズフォンデュがやっぱりおいしかったと恐縮し、絶叫するフラメンコダンサーが詰め寄ってきて逃げ出しそうになる東海林さんの本を読んで笑ってさえいれば、ボクらは健康においしく食べていける。ボクはそう信じてる。

東海林さんがいて、本当によかった。

所収

ヒーハの究極『駅弁の丸かじり』
皿の上でタコくねる『昼メシの丸かじり』
魅惑のコリアン市場『スイカの丸かじり』
韓国おでんの串は『コロッケの丸かじり』
韓国食材スーパー探険『ゴハンの丸かじり』
餃子といえどフルコース『ブタの丸かじり』
乞食鶏の実態『パイナップルの丸かじり』
青梗菜の青『アンパンの丸かじり』
ザーサイ応援団『おにぎりの丸かじり』
食べる妖怪ピータン『焼き鳥の丸かじり』
北京ダック食べ放題『ゴハンの丸かじり』
小籠包の「ハ行」騒ぎ『おにぎりの丸かじり』
ノンキャリ水餃子『ケーキの丸かじり』
中国のおせちは？『タヌキの丸かじり』
糸と板、麵の魔術『伊勢エビの丸かじり』
ビーフンと日本人『コロッケの丸かじり』
タイのわけありチャーハン『伊勢エビの丸かじり』

旭鷲山は何を食べて育ったか『タケノコの丸かじり』
カレーをめぐる冒険『昼メシの丸かじり』
キウイは答えず『昼メシの丸かじり』
ワニを食べる『ワニの丸かじり』
ロバさんの国のエチオピア料理『タケノコの丸かじり』
チュニジアの夜『パンの耳の丸かじり』
雪の降る夜の〝ロシア〟『駅弁の丸かじり』
バウムクーヘン穴疑惑『どぜうの丸かじり』
日本流オクトーバーフェストは『パイナップルの丸かじり』
べちゃトン・ウィンナ・シュニッツェル『ホルモン焼きの丸かじり』
感動のアイスバイン『コロッケの丸かじり』
フォンデュの誓い『ブタの丸かじり』
ギリシャ料理を食す『うなぎの丸かじり』
スパゲティはむずかしいぞ『ケーキの丸かじり』
フランスパンを許す『おにぎりの丸かじり』
エ？　サンマがフランス料理に？『パイナップルの丸かじり』
クロワッサンて、そうなんだ『おでんの丸かじり』
フラメンコの夜『スイカの丸かじり』

パエリヤ旨いか『ホットドッグの丸かじり』
フィッシュ・アンド・チップス？『ケーキの丸かじり』
サンドイッチ講釈『タクアンの丸かじり』
ローストビーフの屈辱『猫めしの丸かじり』
英国風午後の紅茶体験『タヌキの丸かじり』
問題児ホットドッグ『ナマズの丸かじり』
オイスターバー見参『ホットドッグの丸かじり』
おじさん〝スタバデビュー〟す『どぜうの丸かじり』
私的フレンチトースト史『どぜうの丸かじり』
夢のTボーンステーキ『おにぎりの丸かじり』
改造版「カリフォルニア巻き」『シウマイの丸かじり』
「シュラスコ」食べてみたら『メロンの丸かじり』
ハワイ名物「ロコモコ丼」『うなぎの丸かじり』

初出
『週刊朝日』（一九八九年四月二八日～二〇一五年七月三一日）

本書の「丸かじり」情報

本書は次の書籍より、作品を選びました。詳細は３１５頁〜３１７頁をご覧ください。

『ワニの丸かじり』…………朝日新聞社（1990.6.30）　文春文庫（1996.4.10）
『ナマズの丸かじり』…………朝日新聞社（1991.3.30）　文春文庫（1996.8.10）
『タクアンの丸かじり』………朝日新聞社（1991.11.1）　文春文庫（1997.4.10）
『伊勢エビの丸かじり』………朝日新聞社（1993.3.1）　文春文庫（1998.5.10）
『駅弁の丸かじり』…………朝日新聞社（1993.12.1）　文春文庫（1999.5.10）
『ブタの丸かじり』…………朝日新聞社（1995.2.1）　文春文庫（2000.9.1）
『スイカの丸かじり』…………朝日新聞社（1996.9.5）　文春文庫（2001.5.10）
『ケーキの丸かじり』…………朝日新聞社（1999.4.1）　文春文庫（2003.5.10）
『タケノコの丸かじり』………朝日新聞社（1998.5.1）　文春文庫（2002.11.10）
『タヌキの丸かじり』…………朝日新聞社（2000.5.1）　文春文庫（2004.2.10）
『猫めしの丸かじり』…………朝日新聞社（2000.11.1）　文春文庫（2004.8.10）
『昼メシの丸かじり』…………朝日新聞社（2001.9.1）　文春文庫（2005.6.10）
『ゴハンの丸かじり』…………朝日新聞社（2002.10.30）　文春文庫（2006.2.10）
『どぜうの丸かじり』…………朝日新聞社（2004.2.28）　文春文庫（2007.2.10）
『パンの耳の丸かじり』………朝日新聞社（2004.11.30）　文春文庫（2008.2.10）
『ホットドッグの丸かじり』……朝日新聞社（2005.5.30）　文春文庫（2008.11.10）
『おでんの丸かじり』…………朝日新聞社（2006.2.28）　文春文庫（2009.6.10）
『うなぎの丸かじり』…………朝日新聞社（2006.9.30）　文春文庫（2010.7.10）
『パイナップルの丸かじり』……朝日新聞社（2007.2.28）　文春文庫（2010.10.10）
『コロッケの丸かじり』………朝日新聞社（2007.9.30）　文春文庫（2010.11.10）
『おにぎりの丸かじり』………朝日新聞社（2008.3.30）　文春文庫（2010.12.10）
『メロンの丸かじり』…………朝日新聞出版（2008.12.30）文春文庫（2011.11.10）
『ホルモン焼きの丸かじり』……朝日新聞出版（2009.12.30）文春文庫（2013.10.10）
『アンパンの丸かじり』………朝日新聞出版（2012.3.30）　文春文庫（2015.4.10）
『シウマイの丸かじり』………朝日新聞出版（2016.11.30）文春文庫（2019.4.10）
『焼き鳥の丸かじり』…………朝日新聞出版（2017.11.30）文春文庫（2020.4.10）

本書は文庫オリジナルです。
企画編集・杉田淳子
本文レイアウト・野村浩（N／T WORKS）

ちくま文庫

B級《きゅう》グルメで世界一周《せかいいっしゅう》

二〇二一年一月十日　第一刷発行
二〇二一年三月二十日　第二刷発行

著　者　東海林さだお（しょうじ・さだお）

発行者　喜入冬子
発行所　株式会社　筑摩書房
東京都台東区蔵前二―五―三　〒一一一―八七五五
電話番号　〇三―五六八七―二六〇一（代表）

装幀者　安野光雅
印刷所　凸版印刷株式会社
製本所　凸版印刷株式会社

ISBN978-4-480-43721-1　C0195